Verlag
Martin + Schaub

Gedruckt mit Unterstützung der
Berta Hess-Cohn Stiftung, Basel

© 2012
Verlag Martin + Schaub GmbH
Steinenring 60, 4051 Basel
Tel. 061 272 18 17
E-Mail: verlag@martin-und-schaub.ch
www.martin-und-schaub.ch
Gestaltung und Produktion: Fabienne Steiger
Druck: Reinhardt Druck, Basel
ISBN: 978-3-7245-1780-1

150 JAHRE GRÜN

JUBILÄUMSBUCH DER STADTGÄRTNEREI BASEL

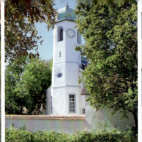

INHALTSVERZEICHNIS

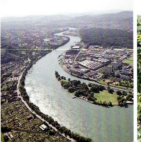

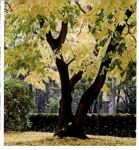

DAS STÄDTISCHE GRÜN

GRÜNE ERKENNTNISSE

GRÜN FÜR DIE ZUKUNFT

Sehr geehrte Leserin,
sehr geehrter Leser

Die Stadt Basel ohne Parkanlagen und Bäume – eine schreckliche Vorstellung. Vor rund 200 Jahren war dies jedoch Realität. Darstellungen aus dem 17. Jahrhundert können wir entnehmen, dass nebst privaten Gärten zur Selbstversorgung nur ein paar wenige Bäume für Grün in der Stadt sorgten.

Das 150-jährige Bestehen der Stadtgärtnerei Basel gibt Anlass zu erkennen, dass Natur in der Stadt nicht selbstverständlich ist. Im Gegenteil: Sie ist ein besonderes Merkmal und trägt ganz wesentlich zur hohen Lebensqualität von Basel bei.

Seit Jahrzehnten kümmern sich Generationen von Gärtnerinnen und Gärtnern um unsere Parkanlagen, Strassenbäume und Freizeitgärten und prägen das heute vertraute, grüne Stadtbild. Die Basler Bevölkerung schätzt die Natur in der Stadt. Die Parks und Grünanlagen dienen zur Erholung und Freizeitgestaltung, sind Treffpunkt und Spielraum für Kinder. Die Vielfalt der Natur ist erlebbar.

Das vorliegende Buch gibt einen Überblick über das öffentliche Grün in all seinen Facetten – im Laufe der Geschichte bis heute. Die zahlreichen Bilder nehmen uns mit auf eine Zeitreise und lenken unsere Aufmerksamkeit auf Unbekanntes und Neues. Die Vergangenheit lebt neu auf, denn sie ist die Basis für das, was das Grün in Basel heute ausmacht.

Ich wünsche der Stadtgärtnerei Basel, dass sie – gestützt auf die lange Tradition – das öffentliche Grün kreativ und nach den Bedürfnissen der Basler Bevölkerung in die Zukunft leitet und begleitet. Der grüne Lebensraum soll für Menschen, Tiere und Pflanzen erhalten und gleichermassen attraktiv bleiben.

Regierungsrat Dr. Hans-Peter Wessels,
Vorsteher Bau- und Verkehrsdepartement Basel-Stadt

VOM GRÜN IM GRABEN ZUR STADT IM GARTEN

Die Stadtgärtnerei Basel hat im Jahr 2011 mit unterschiedlichen Veranstaltungen ihr 150-jähriges Bestehen gefeiert. Zur Abrundung dieses Jubiläums ist nun dieses Buch entstanden. Darin richten verschiedene Autoren den Blick auf die Geschichte der Stadtgärtnerei, auf einzelne Produkte der Stadtgärtner, auf besondere Ereignisse im Lauf der Zeit oder auf die Aufgaben dieser Dienststelle in Zukunft.

Wer in Basel nach der Stadtgärtnerei befragt wird, antwortet häufig mit Hinweisen auf das öffentliche Grün, Blumen, Bäume, Parkanlagen oder Grün in der Stadt ganz allgemein. Andere wiederum weisen auf Erfahrungen mit Familiengärten oder mit dem Baumschutz hin oder gar auf unliebsame Baumfällungen. Viele Menschen haben einen direkten Bezug zu ihren Parkanlagen, zu den Friedhofanlagen, zu den Bäumen in der Stadt. Jedenfalls wird die Stadtgärtnerei nicht in erster Linie mit einer Adresse oder einem Ort in Verbindung gebracht, sondern viel mehr als Organisation wahrgenommen, die sich ums Grün in der Stadt kümmert. Und das scheint bereits seit der Gründung der Stadtgärtnerei so gewesen zu sein.

Die Einsetzung des ersten Stadtgärtners Georg Schuster aus München und die Gründung der Stadtgärtnerei auf Antrag von Ratsherr Carl Sarasin (1815–1886) geht auf das Jahr 1860 zurück. Carl Sarasin war in den Jahren 1858 bis 1875 Präsident des Baukollegiums. Dieses hatte erstmals öffentliche Grünanlagen als städtische Aufgabe erkannt. Aufgrund des Stadterweiterungsgesetzes von 1859 waren die äusseren Stadtmauern eben abgebrochen und die Stadtgräben aufgeschüttet worden. Gestützt auf die Vereinbarungen zur Trennung der Kantone Basel-Stadt und Basel-Landschaft mussten die neu gewonnenen Freiräume als Grünanlagen ausgestaltet werden. Dies entsprach weitestgehend den Vorbildern bedeutender Städte in Europa, welche nach und nach die Stadtbefestigungen entfernten und durch Grünanlagen ersetzten.

Auf Antrag des damaligen Baukollegiums wurde Carl von Effner aus München mit dem Entwurf für neuen Grünanlagen beauftragt. Carl von Effner war als Hofgärtner am Hof des bayrischen Königs Maximilian II. tätig. Erst 24-jährig, hielt er sich für zwei Wochen in Basel auf und entwarf die heute grösstenteils noch vorhandenen Grabenanlagen. Seine grossen Gartenkunstwerke, wie beispielsweise der neu angelegte Schlossgarten für Schloss Linderhof in Oberammergau, sind noch heute in Bayern zu bewundern.

Seine Entwürfe für die Basler Grünanlagen trugen die typische Handschrift für die Gartenarchitektur in der Mitte des 19. Jahrhunderts. Da sind zunächst einmal die klassischen Bezüge der spätromantischen Gartenbaukunst zu nennen, wie sie im späten englischen Landschaftspark auch zu finden sind: geschwungene Wege, Einzelbäume und Baumgruppen, Blütensträucher und Blumenrabatten in Rasenflächen. Da sind die Bezüge zum mythischen Arkadien zu finden, jener idealisierten Landschaft mit Bauern und Hirten und ein Leben jenseits gesellschaftlicher Zwänge. Da ist die für damalige Verhältnisse beinahe unerschöpflich verfügbare Pflanzenauswahl, welche dank ausgeklügelter Gartenbautechnik auch in unseren Breitengraden verfügbar war. In den Entwürfen von Effners wird das ganze Repertoire an Bäumen, Sträuchern und Blumenbeeten zu einer grossen Gartensymphonie, einem musikalischen Werk von Gustav Mahler ähnlich, zusammengefügt.

Nachdem nun diese ersten Basler Grünanlagen aus der Feder einer für jene Zeit bedeutenden Koryphäe gebaut worden waren, war eine Equipe nötig, welche sich um die Pflege dieser neuen Anlagen kümmerte. In der Person von Magistratsgärtner Georg Schuster aus München wurde Anfang Januar 1861 die geeignete Fachperson für diese neue Aufgabe gefunden. In der Publikation «Gärten in Basel» der Basler Denkmalpflege von 1980 veröffentlichte Felix Falter einen wertvollen Aufsatz mit dem Titel «Basel – Stadtgrün im 19. und 20. Jahrhundert». Er schreibt darin: «Wohl ist es der Stadt Basel gelungen, ihre Grünflächenverluste (Cityring) durch Neuanlagen zu kompensieren, doch viele der neuen Flächen (mehrheitlich Sportanlagen) liegen am Stadtrand. Sie sind schon vor ihrer statistischen Erfassung grün gewesen und werden, einmal abgesehen von den nur kurze Zeit offenen Gartenbädern, vielfach einem engen Kreis von Benützern (Vereinssportler, Schüler) reserviert. Dadurch, dass die Agglomeration fortwährend wächst, schwindet für immer mehr Baslerinnen und Basler die Chance, das grüne Umland zu Fuss zu erreichen. Von den Anlagen im Quartier aber trennt die Bewohnerinnen und Bewohner häufig genug eine verkehrsreiche Durchgangsstrasse, die

Lärm und Gestank bis weit in den Grünraum hineinträgt. Am stärksten unter Grünmangel leiden ausgerechnet die bevölkerungsreichen und sozial schwächeren Stadtviertel. Erwachendes Umweltbewusstsein und vor allem der Impuls der Grün 80 haben in den letzten Jahren zu vermehrten Anstrengungen für das öffentliche Grün geführt. Andererseits deuten manche Anzeichen darauf hin, dass Basel weiter «versteinert». Eine Stadt, in der der Mensch die einzige Lebensform darstellt, ist zwar denkbar, aber kaum verlockend. Grünanlagen, Bäume und Gärten bestimmen massgeblich den Wohnwert einer Stadt. Nichts wäre kurzsichtiger, als für die Ansiedlung einiger hundert oder tausend guter Steuerzahler die letzten Grünreserven (Bäumlihof, Klosterfiechten, Milchsuppe) zu opfern.»

Viele dieser vor über 30 Jahren angestellten Überlegungen haben Eingang in die heutige Politik gefunden und der Stellenwert des öffentlichen Grüns ist hoch. Dennoch ist es eine Tatsache, dass der Wohnflächenbedarf jedes Einzelnen in den vergangenen Jahren zugenommen hat, dass der Anteil an Einpersonenhaushalten stetig steigt, dass der Bezug zur Natur und zu natürlichen Dingen verloren zu gehen scheint, und dass der Sport, als Ausdruck der körperlichen Leistungsfähigkeit und des Wohlbefindens, an Bedeutung gewonnen hat.

Das soziale Leben vieler Menschen in den Städten findet im öffentlichen Raum statt, nahezu rund um die Uhr, gut gelaunt und in ständiger Partystimmung. Ebenso ist es opportun, dass der weiteren Zersiedelung in die unverbaute Landschaft mit Verdichtung der Zentren begegnet wird. Dieser Tatsache muss die aktuelle Stadtentwicklung Rechnung tragen. Es werden Grünreserven aufgegeben werden müssen, um für neue Bewohnerinnen und Bewohner Raum zu schaffen. Dieser neue Raum wird ergänzt und durchzogen sein mit Grün, häufig mit öffentlichem Grün. Die Baukörper werden zusätzlich mit vegetativen Elementen versehen. Es wird neue Formen der Dach- und Fassadenbegrünung geben. Vielfältige Baumanlagen durchziehen den städtischen Raum und die Flussräume werden zu erlebnisreichen Naturräumen aufgewertet. Der Garten als ursprüngliches Leitmotiv wird neue Bedeutung erhalten. Anlässlich der Weltausstellung in Hannover im Jahr 2000 war von der «Stadt im Garten» die Rede. Das könnte der grüne Ansatz für die Stadt von morgen sein, und dazu wird die Stadtgärtnerei Basel einen wesentlichen Beitrag leisten. Emanuel Trueb

MARKSTEINE IN 150 JAHREN

JANUAR 1860
Der erst 28-jährige Karl Joseph von Effner, Hofgärtner aus München, erstellt ein Konzept mit dem
Titel «Bericht und Vorschläge über die Promenaden
und Anlagen von Basel und Umgebung»

OKTOBER 1860
Kreditbegehren von Ratsherr Karl Sarasin im
Grossen Rat zur Schaffung der Stelle eines
Stadtgärtners

JANUAR 1861
Georg Schuster tritt als erster Stadtgärtner von
Basel seine Stelle an

1900
Erstellung der Sportanlage Schützenmatte und
des Schützenmattparks

1932
Auf dem neu errichten Friedhof am Hörnli wird der
Bestattungsbetrieb aufgenommen

1957
Umgestaltung des Kannenfeldgottesackers zum
Kannenfeldpark

1959
G59 in Zürich mit wesentlichen Impulsen für
die Garten- und Parkkultur in den Städten

1980
Grün 80

1982
Umzug der Stadtgärtnerei vom St. Johanns-Quartier
in die Grün 80 in Brüglingen

1986–1988
Kulturelle Zwischennutzung des Areals der alten
Stadtgärtnerei, Räumung nach negativer Volksabstimmung zur Etablierung des Areals als dauer-
haftes Kulturzentrum

1994
Zusammenlegung Friedhofamt und Stadtgärtnerei

1995/96
Natur- und Landschaftsschutzgesetz Basel-Stadt
(Stadtgärtnerei als Fachstelle)

2007
Beginn der Aufnahme eines Naturinventars
im Kanton Basel-Stadt

2011
Jubiläum «150 Jahre Stadtgärtnerei Basel»

APRIL 2011
Eröffnung Erlenmattpark

StadtGärtnereiBasel

StadtGärtnereiBasel

NEUN BASLER STADTGÄRTNER

GEORG SCHUSTER

* in München
Stadtgärtner von 1861 bis 1863

Über Georg Schuster ist in Basel wenig bekannt. Er muss ein Mitarbeiter des Hofgärtners Karl von Effner gewesen und mit der Ferstigstellung der Grabenanlagen beauftragt worden sein. Er blieb nur für kurze Zeit in Basel.

GEORG LORCH

* 1829 in Türkheim
† 1870 in Basel
Stadtgärtner von 1863 bis 1870

Georg Lorch kam 1863 von München nach Basel. Auch er muss aus dem Bekanntenkreis der Gartenfachleute von Effner und Schuster stammen. Er war massgeblich an der Umsetzung der Bauprojekte für den Kannenfeldgottesacker und für den Wolfgottesacker beteiligt.

❶ MICHAEL WECKERLE

* 1832 in München
† 1880 in Basel
Stadtgärtner von 1871 bis 1879

Michael Weckerle wirkte acht Jahre in Basel. Auch er stammte aus München. 1872/73 gestaltete er die Parkanlage Claramatte im Stil eines englischen Squares. Der Kantonsbaumeister Carl Leisinger erbaute 1897 am westlichen Rand des Parks als letzte der drei Kleinbasler Bade- und Waschanstalten ein Brausebad, welches zwischen 1902 und 1909 mehrere Ausbauten erfuhr und 1946 zum Kindergarten wurde.

❷ NIKLAUS SCHOLER

* 13. März 1853
† 15. April 1903
Stadtgärtner von 1883 bis 1903

Nach einer vierjährigen interimistischen Leitung der Stadtgärtnerei wird Niklaus Scholer zum Stadtgärtner gewählt. In seine Amtszeit fällt der Bau des Schützenmattparks und diverser Sportanlagen. Er liess den Petersplatz umbauen und führte die Stadtgärtnerei ins 20. Jahrhundert.

❸ EDUARD SCHILL

* 8. Oktober 1863 in Basel
† 11. März 1935 in Basel
Stadtgärtner von 1903 bis 1933

Eduard Schill war 30 Jahre Stadtgärtner von Basel. Er baute die Stadtgärtnerei zu einem modernen Gartenunterhaltsbetrieb aus.

❹ HERMANN HARDER

* 1875
† 25. Februar 1966
Stadtgärtner von 1933 bis 1940

Hermann Harder war sieben Jahre Stadtgärtner von Basel. Er verfasste unter anderem ein Buch zum 90-jährigen Bestehen der Basler Gartenbaugesellschaft. Er führte die Stadtgärtnerei in der Zeit der Anbauschlacht.

⑤ RICHARD ARIOLI

* 23. April 1905
† 14. Juli 1994
Stadtgärtner von 1940 bis 1970

Richard Arioli ist in diesem Buch ein Kapitel gewidmet. Er führte die Stadtgärtnerei während 30 Jahren, hinterliess reichhaltige Spuren und wurde von der Universität Basel zum Ehrendoktor ernannt.

⑥ HANSRUDOLF BÜHLER

* 1. April 1929
Stadtgärtner von 1970 bis 1994

Hansrudolf Bühler wuchs im elterlichen Gartenbetrieb in Aarburg auf. Er durchlief die gärtnerische Ausbildung an der Gartenbauschule Öschberg mit Meisterprüfung und wurde am 10. Februar 1970 vom Regierungsrat zum Basler Stadtgärtner gewählt. Er wirkte 24 Jahre als Leiter und war massgeblich an der Entwicklung des Kleingartenwesens und an der Modernisierung der öffentlichen Grünanlagen beteiligt. In seine Amtszeit fallen der Umzug der Stadtgärtnerei vom St. Johann nach Brüglingen, die Wirren um die «Alte Stadtgärtnerei» und die Platanen am Schützengraben, der Neubau des St. Johanns-Park, der Neubau des Spitalgartens, die Grün 80, die systematische Erfassung von Schäden an Bäumen, die Umsetzung des Leitbildes «Bäume im öffentlichen Raum» (Alleenplan), die Einrichtung einer Baumschutz- und Naturschutzfachstelle, der Aufbau einer Grünplanungsabteilung, die Einführung des PC für die Verwaltungsarbeit, der Umzug der Verwaltung von der Schönbeinstrasse an die Rittergasse und der Umzug der Baumschule vom Bachgraben nach Arlesheim. Er vollzog die Zusammenlegung der Spitalgärtnerei mit der Stadtgärtnerei. Mit seiner Pensionierung wurde auch die Zusammenlegung des Friedhofamtes mit der Stadtgärtnerei vorgenommen. In seiner Dienstzeit wurde er massgeblich unterstützt von Kaspar Wittwer, Herwig Kühnen und Christoph Wicki.

⑦ EMANUEL TRUEB

* 22. August 1961
Stadtgärtner seit 1994

Emanuel Trueb ist diplomierter Landwirt, führte ein Gartenbauunternehmen und wurde 1992 Leiter des Friedhofamtes Basel-Stadt. Die Amtsleitung der Stadtgärtnerei übernahm er nach deren Zusammenlegung mit dem Friedhofamt im Frühjahr 1994. In seine Amtszeit fallen folgende Projekte: die Umgestaltung der Abteilung 12 auf dem Friedhof am Hörnli, der Bau von Familiengärten an der Giornicostrasse, die Auflösung der Spitalgärtnerei, die Einführung des kantonalen Gesetzes für den Natur- und Landschaftsschutz, der Ausbau der Gärtnerei in Brüglingen, die Sanierung der Claramatte, der Neubau des Falkensteinerparks, die Sanierung und Umgestaltung der Elisabethenanlage, des Mathäuskirchplatzes, der Theodorgrabenanlage und des Theodorkirchplatzes sowie diverser Spielplätze im Margarethen-, Kannenfeld- und Horburgpark. Dazu kam der Neubau der Dreirosenanlage und des Erlenmattparks sowie die Umgestaltung der Voltamatte. Bei der Umgestaltung des Tierparks Lange Erlen und des Botanischen Gartens in Brüglingen hat Trueb beratend mitgewirkt.

DAMALS UND HEUTE

Laub gab es schon immer – doch das Bild des
Gärtners beim Rechen im Margarethenpark in den
1940er-Jahren ist eine der ersten unter den seltenen
historischen Fotografien von Gartenarbeitern in der
Stadt Basel. Heute beschäftigt die Stadtgärtnerei
rund 250 Mitarbeitende – und kann zur Pflege der
Anlagen moderne Hilfsmittel einsetzen.

DAMALS UND HEUTE

Bäume wollen gepflegt sein – und die Basler Stadtgärtnerei macht das seit jeher Jahr für Jahr. Die Techniken von früher waren dabei weit abenteuerlicher als die heutigen, wo der Einsatz von Hebebühnen und Sicherheitsleitern das Bäumeklettern erleichtert und vielleicht auch eine Spur sicherer macht.

DAMALS UND HEUTE

Der Zweite Weltkrieg stand auch in Basel nicht nur im Zeichen der Bedrohung, sondern auch in jenem der sogenannten Anbauschlacht. Pärke und Sportplätze wurden damals mit Gemüse und vor allem Kartoffeln bepflanzt, um die Selbstversorgung zu gewährleisten. Davon betroffen war auch die Voltamatte, die heute ein ganz neues Bild abgibt.

DAMALS UND HEUTE

Hunde werden auch heute noch spazieren geführt an der Rheinpromenade – aber mehr denn je ist sie zur Aufenthaltszone mit mediterranem Flair geworden. Schattenspendende Bäume sind dabei nicht wegzudenken. Verändert hat sich einzig die Mode, der Spazierbelag mit seinem Geländer und natürlich die Dreirosenbrücke und die chemische Industrie im Hintergrund.

DAMALS UND HEUTE

1932 wurde der Zentralfriedhof am Hörnli eröffnet –
ein weitsichtiger Schritt, der auch die Aufhebung
einiger Friedhöfe mitten in der Stadt erlaubte.
Geplant wurde grosszügig – sodass es auch heute
keine Platzprobleme gibt. Damals wie heute
augenfällig ist die Eingangspromenade mit den Eiben-
kuben, deren Form sich durch den jährlichen Schnitt
zum heutigen Bild gewandelt hat.

DAMALS UND HEUTE

Das St. Alban-Tor gehörte – im Gegensatz zum Aeschentor einige Hundert Meter Richtung Bahnhof – zu jenen Stadttoren, die beim Abbruch der Basler Stadtmauern stehen blieb. Die Aufnahme unten zeigt das Tor um 1872 (noch mit Turmspitze), zu einem Zeitpunkt, als Karl von Effners Ideen für die Gestaltung der St. Alban-Anlage in zarten Pflanzanfängen schon umgesetzt waren und noch heute bestehen.

DAMALS UND HEUTE

Im Sommer ist der Schützenmattpark eine der
beliebtesten Anlaufstellen für Familien und Kinder.
Doch der Park hat auch im Winter seine Reize,
erst recht dann, wenn – wie in früheren Zeiten –
Eis aufbereitet und zum Schlittschuhlaufen
und Hockeyspielen geladen wurde. Und auch
heute freuen sich die Jugendlichen noch immer über
ein gezuckertes Wintermärchen mitten in Basel.

DAMALS UND HEUTE

Seit 1868 und bis zur Eröffnung des Zentralfriedhofs
Hörnli 1932 war das Kannenfeld ein Gottesacker.
Genutzt wurde er zum Teil bis Ende 1951. Erst dann
wurde er zu einem Park umgestaltet, der heute mit
seiner grossen Baumvielfalt, Spielplätzen, einem
Naturtheater und einigen Erinnerungen an die alte
Friedhofszeit zum Verweilen einlädt.

DAMALS UND HEUTE

Ein einsamer Kutschenwagen passiert den
Morgartenring – kein Vergleich mehr zu heute,
da die Alleenbäume ihren Platz mit viel Durch-
gangsverkehr, Baustellen, blauen Parkzonen und
Bushaltestellen teilen müssen. Die Häuser sind
seit jener Zeit farbenprächtiger geworden, die
Toleranz der Anwohner wird jedoch stärker gefordert.

DAMALS UND HEUTE

Drei Basler Brücken kennen eine Besonderheit. An ihren Köpfen wurden zum Rhein hin Grün- oder Spielanlagen geplant. Das gilt für die Schwarzwaldbrücke mit der Solitude und dem Tinguely-Museum, für die Dreirosenbrücke, aber auch (wie in unserem Beispiel) für die Theodorsgraben-Anlage an der Wettsteinbrücke, die heute mit einer modernen Spielanlage ausgestattet ist.

BASLER PLÄNE VOM BAYRISCHEN HOF

Am Anfang des grünen Basels standen die Pläne eines Münchner Hofgärtners. Karl von Effner skizzierte die ersten Basler Grünanlagen und regte 1861 die Gründung der Stadtgärtnerei an.

Im Jahr 1859 wurde die «Entfestigung» Basels beschlossen. Die Stadtmauern sollten niedergelegt, die davor liegenden Gräben zugeschüttet werden. Sofort ging das damalige Baucollegium unter seinem Präsidenten Karl Sarasin daran, die neu entstehenden Freiflächen zu beplanen. Es sollten Anlagen und Promenaden entstehen, damit die dicht bevölkerte Innenstadt mehr Luft und Bewegungsraum für ihre Bürger bekäme.

Das Umwandeln von Festigungsanlagen zu Parks und Alleen lag damals im Trend der Zeit. Viele europäische Städte nutzten die Gelegenheit, anstelle ihrer ehemaligen Mauern öffentliche Grünanlagen einzurichten, so zum Beispiel Wien und Paris, aber auch Genf, Zürich und Winterthur. Für Basel war diese Sache unter anderem auch deshalb brisant, weil nach der Kantonstrennung von 1833 bei einer Umwandlung der neuen Freiflächen in Bauland der entstandene Mehrwert mit den Nachbarn aus dem Kanton Basel-Landschaft hätte geteilt werden müssen. Bei öffentlichen Anlagen war das aber eine andere Sache, selbst unter dem Aspekt des sogenannten Schanzenstreits, der immerhin darin endete, dass die Stadt nur einen Achtel der zunächst verlangten Summe zu entrichten hatte.

PARKS UM DIE GANZE STADT
Erste Vorstellungen für einen Grüngürtel rund um die Stadt Basel hatte sich bereits der Architekt Ludwig Maring (1820–1893) gemacht. Er war mit der Pla-

nung des neuen Centralbahnhofs beauftragt und schuf in diesem Zusammenhang im Jahr 1857 einen «Generalplan der Stadt Basel mit Erweiterung». Danach wären – neben neuen Strassen, Eisenbahnlinien und Brücken – im Radius um die gesamte mittelalterliche Stadt grosszügige Parks angelegt worden. Leider eine allzu idealistische Vorstellung, wie sich bald zeigen sollte.

> Karl von Effner stammte aus einer traditionsreichen Gärtnerdynastie und war mit 26 Jahren bereits königlich bayrischer Hofgärtner.

Die Verantwortung für die Anlagen und Promenaden war 1859 direkt dem Baucollegium (ab 1875 zum Baudepartement umbenannt) unterstellt worden. Es berief nach einigem Suchen – denn vor Ort gab es noch keine geeigneten Fachleute – den bayrischen Hofgärtner Karl von Effner aus München, um ein Gutachten über die Basler Anlagen machen zu lassen.

Karl von Effner (1831–1884) stammte aus einer traditionsreichen Gärtnerdynastie, hatte eine fundierte Ausbildung bei den bekanntesten Gartengestaltern seiner Zeit erhalten und war mit 26 Jahren bereits zum königlich bayrischen Hofgärtner ernannt wor-

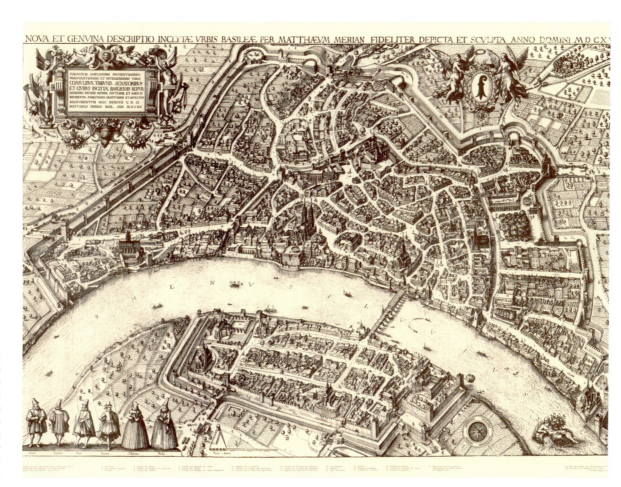

NOVA ET GENVINA DESCRIPTIO INCLYTÆ VRBIS BASILEÆ PER MATTHÆVM MERIAN FIDELITER DEPICTA ET SCVLPTA ANNO DOMINI M D CXV

So sah Basel 1615 aus. In den Merianplänen, die der 22-jährige Matthäus Merian aus der Vogelschau zeichnete, sind links das St. Alban-Tor und rechts das St. Johanns-Tor als äussere Endpunkte der Basler Stadtmauern zu erkennen.

den. Er hatte in München gerade die bekannten Isar-Anlagen geschaffen. Später stieg er zum obersten Hofgärtendirektor auf und entwarf unter anderem die Gärten für die berühmten Schlösser Ludwigs II. 1877 wurde er für seine Verdienste geadelt.

DER SPEDITIVE FACHMANN

Effner kam im Frühjahr 1860 nach Basel. Er sollte eine Bestandesaufnahme machen, bereits projektierte Anlagen beurteilen und ausserdem Anweisungen zum Unterhalt des Baumbestands geben. Auch wurde an ihn die Frage gestellt, ob die Stelle eines eigentlichen Stadtgärtners zu schaffen sei.

Schon nach zwei Wochen lieferte Effner einen detaillierten Bericht ab. Das Baucollegium war von seiner gründlichen, speditiven Arbeit sehr angetan und bestellte weitere Empfehlungen und Projektpläne. Bis zum Herbst lieferte Effner zwei zusätzliche Stellungnahmen, die zusammen mit der ersten vom Bau-

Der Ideengeber für Basels Stadtbegrünung im Jahr 1860: Karl von Effner (rechts) formulierte seine Ideen in nur gerade zwei Wochen.

Bis heute sichtbares Überbleibsel der historischen Basler Stadtmauer beim Letziturm im St. Alban-Tal.

collegium im September 1860 in gedruckter Form veröffentlicht und dem Grossen Rat vorgelegt wurden.

Dieser «Bericht und Vorschläge über die Promenaden und Anlagen von Basel und Umgebung» ist in der Universitätsbibliothek Basel erhalten. Er ist mit Vorwort 64 Seiten lang und gibt einen vorzüglichen Überblick über die Basler Grünanlagen jener Zeit. Er enthält drei Teile: I. Allgemeiner Bericht, II. Promenaden, Baumpflanzungen, etc. innerhalb des Stadtgrabens, III. Landschaftliche Anlagen, Promenaden, Baumpflanzungen ausserhalb der Stadt. Noch heute ist diese Broschüre ausserordentlich lesenswert. Sie enthält eine Bestandesaufnahme des gesamten damaligen Stadtgrüns. Es werden Vorschläge für dessen Verbesserung und Pflege gemacht. Ferner zeigt Effner auf, wo neue Parkanlagen und Alleen entstehen könnten. Auch einen Volksgarten, vielleicht sogar mit einigen Tieren, sieht Effner bereits vor.

«NICHT IMMER BEFRIEDIGENDER ZUSTAND»

Im allgemeinen Teil seines Berichts (Seite 5) stellt Effner zu Basel fest: «Die Zahl der mit Bäumen bepflanzten Plätze und Strassen, der öffentlichen Promenaden, ist in der That bedeutend; eben so verschieden, doch nicht immer befriedigend der Zustand, in welchem sie sich befinden. Man darf wohl sagen, im Allgemeinen bilde der Zustand der öffentlichen Bauanlagen der Stadt einen Gegensatz zu den vielen eleganten, zum Teil prächtigen, immer aber saubern Häusern und den reinlichen Strassen, noch mehr zu den schönen Gärten vieler Privatpersonen.»

Den Grund für diesen unbefriedigenden Zustand sieht Effner in der schlechten Bearbeitung des Bodens, der mangelnden Baumpflege und der mangelnden Sorgfalt bei der Auswahl von Bäumen und Sträuchern. Er empfiehlt daher die Schaffung der Stelle eines Stadtgärtners, denn: «Das grösste Hindernis für einen geordneten, gesunden Zustand der öffentlichen Baumpflanzungen dünkt mir in dem gegenwärtigen System der Unterhaltung durch verschiedene Gärtner zu liegen, welche darin höchstens nur eine Nebenbeschäftigung erkennen» … Die «wahre Garantie einer sachgemässen Bewirthschaftung» der öffentlichen Promenaden sei durch die Anstellung eines eigenen Gärtners geboten. Für das Jahresgehalt von 1800 bis 2000 Franken könne ein tüchtiger Mann gewonnen werden. Der werde umso leichter zur Einhaltung der Instruktionen gebunden und vor «Schlendrian» bewahrt werden können, je weniger Lokal-Connexionen er habe (Seite 11).

GEORG SCHUSTER ERSTER STADTGÄRTNER

Das Baucollegium handelte sofort. Die Stelle eines Stadtgärtnes wurde geschaffen und bereits am

1. Januar 1861 trat der von Effner empfohlene Georg Schuster aus München seine neue Arbeit an. Dies bedeutete den Beginn der Basler Stadtgärtnerei. Was plante Effner für Basel? Einen Ring von Grünanlagen anstelle der zugeschütteten Stadtgräben, vom St. Alban-Tor bis zum St. Johanns-Tor. Erhalten davon sind heute noch die Anlagen am St. Alban-Graben, die Elisabethenanlage und die beiden Anlagen beim St. Alban- und St. Johanns-Tor. Für Kleinbasel wurde kein Grüngürtel vorgesehen. Effner machte hier aber Vorschläge für die Gestaltung der Rosentalanlage und des Claraplatzes. Sein Plan für eine grössere Parkanlage entlang der Wiese wurde indes nicht realisiert.

Die neuen Anlagen wurden grundsätzlich mit gewundenen Pfaden versehen, die die Parzellen grösser erscheinen lassen. Baumpflanzungen sollten das Spazieren im Schatten ermöglichen.

EINHEIMISCHE BAUMSORTEN

Effner gab genaue Anweisungen, welche Art von Bäumen zu pflanzen seien. Er empfahl vor allem einheimische Baumsorten, die zu Klima und Bodenbeschaffenheit passten. Dies waren unter anderem Hain- und Rotbuchen, Feld- und Spitzahorn, Schwarzföhren und Akazien, Tulpenbäume und Platanen. Aber auch die in Basel vorherrschende Linde wurde von ihm weiterhin berücksichtigt, obwohl Eff-

ner die Bodenbeschaffenheit dafür nicht für so günstig hielt. Ferner empfahl er das Setzen von verschiedenen Arten von Sträuchern, denn er hatte festgestellt, dass dies in Basel ein Mangel war. Sie bereichern den Aspekt einer Anlage auf Augenhöhe und können raumbildend wirken.

> Effner empfahl vor allem einheimische Baumsorten, die zu Klima und Bodenbeschaffenheit passten.

Im Basler Staatsarchiv sind mehrere Pläne Effners erhalten geblieben. Bei der Ausführung gab es wohl dann doch einige Vereinfachungen. Aber man ging sofort an die Arbeit, die insgesamt über 20 Jahre lang andauern sollte. 1873 liess das Baucollegium Effner nochmals nach Basel kommen, um sein fachmännisches Urteil über die in 13 Jahren getätigten Arbeiten zu hören. Er bewunderte «die schönen Opfer, die seit dem Jahr 1860 für diesen öffentlichen Zweck … im unverkennbaren Interesse des Gesundheitszustandes der Stadtbevölkerung» gebracht worden seien (Grossratsprotokoll vom 25. September 1863).

Der Siegfriedplan von 1880 zeigt, was damals von Effners Plänen realisiert worden war.

So verliefen die Basler Stadtmauern. Die beiden äussersten Tore, das St. Johanns-Tor und das St. Alban-Tor, stehen noch heute, genauso wie das Spalentor.

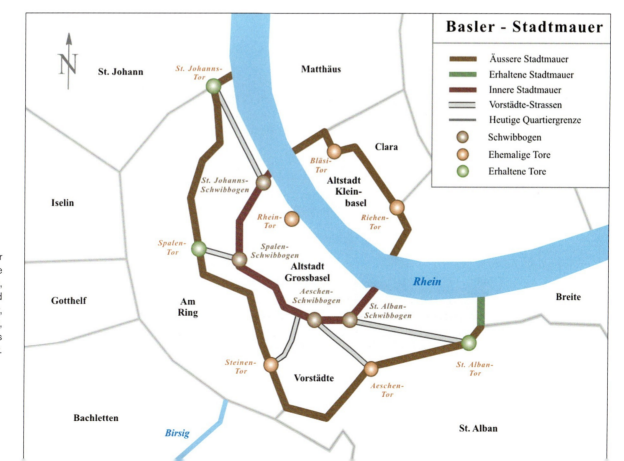

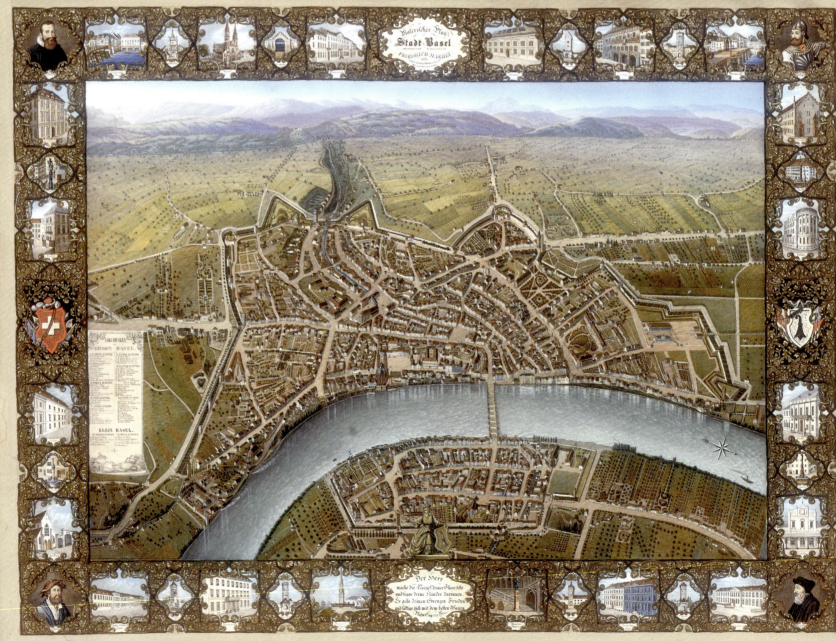

Die Basler Stadtmauern und -tore im Laufe der Zeit. Das St. Alban-Tor (oben ganz links und ganz rechts), der Aeschengraben (oben links), das St. Johanns-Tor mit der alten Stadtgärtnerei (unten rechts) und das Spalentor (oben rechts). Links der bekannte Maehly-Plan, der das ummauerte Basel im Jahr 1845 zeigt.

Die St. Alban-Anlage bis zum Centralbahnplatz, die Elisabethen-Anlage, Anlagen beim Elisabethenbollwerk bis zur Heuwaage, Grünflächen beim Steinenbollwerk und einem Teil des Steinengrabens (heute: Cityring). Der Holbeinplatz hatte, man staune, diverse Grünflächen, der Schützengraben eine Anlage bis zum Spalentor, an der Klingelbergstrasse und Schanzenstrasse gab es Grünflächen zum Flanieren und schliesslich die Anlagen vor dem Schällenmätteli und beim St. Johanns-Tor.

SARASINS SCHLÜSSELROLLE

Vorantreibende politische Kraft für die Umwandlung der Stadtgräben in Parkanlagen war der Seidenbandfabrikant und Ratsherr Karl Sarasin (1815–1886). Er war seit 1845 zunächst im Grossen Rat der Stadt, von 1856 an dann im Kleinen Rat (heute: Regierungsrat) und ab 1858 der Präsident des Baucollegiums. Als solcher hatte er damals grosse Baubefugnisse. Zusammen mit seinem Ratskollegen, dem Zimmermeister Johann Jakob Stehlin d. Ä. (1802–1879), gehört er zu den einflussreichsten Stadtgestaltern jener Zeit. Die Anlage der Promenaden sind als sein persönliches grosses Verdienst anzusehen, ebenso die Schaffung der Stelle eines Stadtgärtners 1861. Im Jahr 1948 hat man Sarasin ein kleines Denkmal neben dem St. Alban-Tor errichtet, eine Büste mit der Inschrift: «Ratsherr Karl Sarasin. 1815–1886. Begründer der JAnlagen auf dem Gebiet der äusseren Stadtgräben».

Seine Zeitgenossen allerdings hatten einen Spottvers auf ihn verfasst: «Behüt uns Gott in treuem Sinn/vor Stehlin und vor Sarasin». Denn die grossen baulichen Veränderungen der Stadt, die über zwei Jahrzehnte dauerten, haben natürlich auch viel Umtriebe, Lärm und Schmutz verursacht.

BÄUME AUF DEM PETERSPLATZ

Öffentliche Grünanlagen für jedermann entstanden in den europäischen Städten erst im 19. Jahrhundert. Spazieren, damals eher Herumgehen ohne Zweck, war vorher nur dem Adel vorbehalten. Mit der Grossstadtbildung jedoch wurde es nötig, grüne Stadt-

Denkmal des bayrischen Hofgärtners Karl von Effner in München. In sehr kurzer Zeit beeinflusste er die Stadtbegrünung Basels.

räume zu schaffen, die für gute Luft und auch für Bewegung der Bürger sorgen sollten. In Basel gab es seit dem Mittelalter bereits den Petersplatz. Er war von den Stiftsherren zu St. Peter, denen dieses Areal gehörte, schon im Jahr 1277 mit Bäumen bepflanzt worden. Im Lauf des 15. Jahrhunderts übernahm die Stadt die Pflege des Petersplatzes und in den Chroniken wird berichtet, dass hier öfters grosse öffentliche Feste gefeiert wurden. Später kamen die Schanzen als Promenaden dazu, insbesondere die Rheinschanze von St. Johann. Auch auf der Mittleren Brücke wurde, wie wir von Hebels Basler Lied wissen, flaniert. In Kleinbasel bepflanzte man das Rheinufer ab 1856 mit Lindenbäumen. Die weitere Gestaltung der Rheinufer mit Baumreihen ausserhalb der Stadtmauern zog sich dann aber bis weit ins 20. Jahrhundert hinein.

Die Planung der Grünanlagen ab 1860 war eine zukunftweisende Sache zur richtigen Zeit. Leider hat der Cityring-Ausbau in den 1960er-Jahren einen Teil davon zerstört.

Dr. Uta Feldges

Denkmal des damaligen Vorsitzenden des Baucollegiums, Ratsherr Karl Sarasin (1815–1886), in der heutigen St. Albantor-Anlage mit der Inschrift: «Begründer der Anlagen auf dem Gebiet der äusseren Stadtgräben.»

VOR 150 JAHREN SKIZZIERT, NOCH HEUTE SICHTBAR

Karl von Effner war ein ungemein fleissiger und weitsichtiger Grünanlagen-experte seiner Zeit. Viele seiner auf Originalzeichnungen festgehaltenen Ideen aus dem Jahr 1860 finden sich noch heute in bestehenden Pärken Basels.

Karl von Effner war kein Mann, der sich zurücklehnte. Innerhalb von nur zwei Wochen fasste er das grüne Potenzial der Stadt Basel auf seinem «Bericht und Vorschläge über die Promenaden und Anlagen von Basel und Umgebung» zusammen und fertigte etliche Zeichnungen seiner Vorstellung zur Ausgestaltung der frei gewordenen Flächen an. Diese Zeichnungen sind heute noch im Basler Staatsarchiv zugänglich. Und ein Blick auf sie zeigt, dass die 150 Jahre alten Ideen im aktuellen Basel noch immer lebendig sind. Auch wenn nicht alle Ideen von Effners

umgesetzt werden konnten, sind etliche Entwürfe von damals aktuelle Realität. Auf den folgenden Seiten haben wir die Skizzen von 1860 mit dem Ist-Zustand von 2012 verglichen – und das Resultat ist verblüffend. Viele Anlagen sind original noch immer so vorhanden, wie sie damals umgesetzt worden sind. Einige sind in Ansätzen oder Teilen noch zu erkennen, andere wiederum sind Bauprojekten zum Opfer gefallen. Ein Bilderbogen über 150 Jahre von der Skizze bis zur Aktualität.

Auch bei der «grünen Lunge» Basels, den Langen Erlen, legte Karl von Effner 1860 Hand an. Seine Skizze vor 150 Jahren und die Situation entlang der Wiese heute.

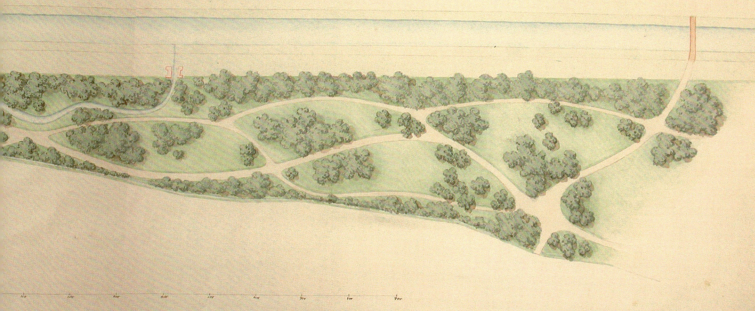

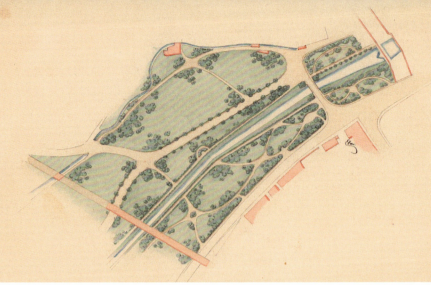

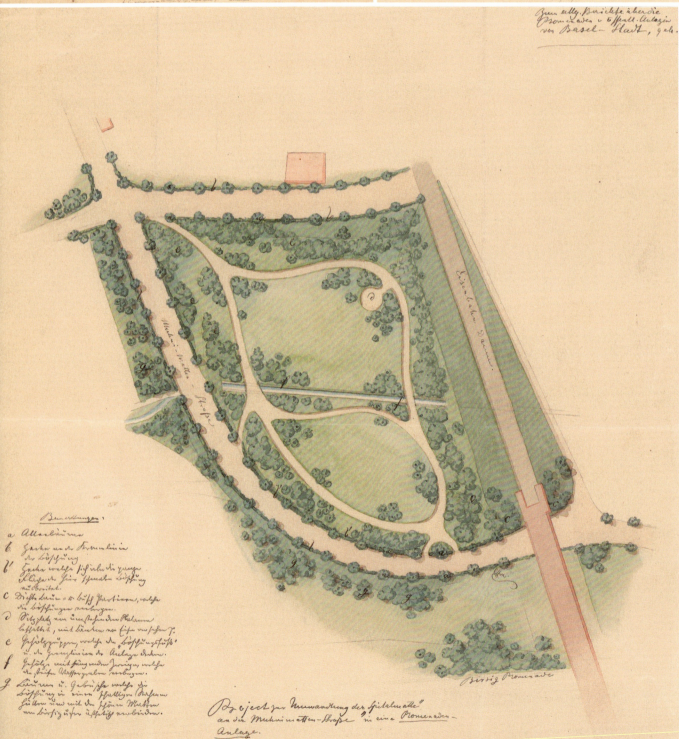

Karl von Effners Originalzeichnungen seiner grünen Ideen im Jahr 1860. Sie zeigen den Claraplatz (oben ganz links), das Nachtigallenwäldchen (oben links), die Elisabethen-Anlage (oben rechts), St. Alban-Anlage (oben ganz rechts), die Spitalmatte (links), die Rosentalanlage (Mitte) oder einen Bolzplatz auf der Breite (rechts) und das Areal der ehemaligen Spitalmatte (ganz rechts), wo heute das Universitätskinderspital und die St. Johann-Schulhäuser stehen.

Der Claraplatz mit seiner Kirche. Effner plante damals ein paar Bäume mehr.

Die Rosentalanlage, einst ein Friedhof, dann ein Park nach Effners Plänen – und heute vor allem Eventplatz.

Die St. Alban-Anlage am gleichnamigen Tor gehörte zu den Stadtgrabenprojekten von Effners.

Der frühere «Holz-platz» in der Breite ist heute ein beliebter Bolzplatz für Kinder und Familien.

Das Nachtigallen-
wäldchen mit der
kanalisierten Birsig –
entstanden vor 150
Jahren in Effners Kopf.

Diese Grünzone auf der ehemaligen «Muhnimatte» auf der linken Seite der heutigen Birsigstrasse ist überbaut.

Die Elisabethen-Anlage am Bahnhof. Ein ehemaliger Friedhof, dann ein Stadtgrabenprojekt von Effners.

Auf dem Areal St. Johann wurden Teile der einst geplanten Grünfläche überbaut. Blick vom St. Johann-Schulhaus auf den Schulhof mit Park und das neue Universitäts-Kinderspital (rechs im Hintergrund).

MIT LEITERWAGEN UND SCHUBKARREN

Wer in den Gründerjahren für die Stadtgärtnerei Basel im Einsatz stand, der musste robust sein. Ein Blick in die Arbeitswelt mit Rechen und Sense des 19. Jahrhunderts.

Was haben die Basler Stadtgärtnerei und die fantasieträchtigen bayrischen Schlossanlagen von Ludwig II. gemeinsam? Ihr gemeinsamer Ursprung liegt in der Feder von Karl Joseph von Effner, dem bayrischen Gartenkünstler. Das Basler Baucollegium hat ihn 1860 an das Rheinknie gerufen, um den Ist-Zustand der Basler Grünanlagen aufzuzeigen und entsprechende Visionen zu skizzieren. Es muss den damaligen Ratsmännern unbegreiflich gewesen sein, wie schnell Effner seine Bestandesaufnahme verfassen konnte. Bereits auf den 1. Januar 1861 konnte der erste Stadtgärtner eingestellt werden: Unter ihm und seinen Nachfolgern entstanden systematisch Promenaden, Wandelwege und um 1900 der erste Volkspark, die Schützenmatte.

1861 ist kein zufälliges Datum für die Gründung der Basler Stadtgärtnerei, denn einerseits platzten damals die Vorstädte aus allen Nähten, andererseits öffneten sich nach der Schleifung der Stadtmauern und ihrer Wallanlagen riesige Freiflächen. Wir müssen davon ausgehen, dass der erste Stadtgärtner, Georg Schuster, und sein Nachfolger, Georg Lorch – beide wie von Effner aus München stammend – im gleichen Tempo wie ihr Mentor weiterarbeiteten. Von Effner hatte mehrmals gewarnt, dass Not an Zeit anstünde. Er wollte übrigens explizit nicht, dass Basler den Posten des ersten Stadtgärtners einnehmen sollten, offenbar befürchtete er, dass diese zu viel Rücksicht auf Freunde und Verwandte hätten nehmen müssen.

NEUE FREIFLÄCHEN

1858 hatte die Demontage des Aeschentors begonnen. Der Bau des neuen Centralbahnhofs anstelle
der provisorischen Station an der Langen Gasse
und der nötige Zufahrtsweg forderten das Auffüllen
des Grabens, das Schleifen des Bollwerkes und den
Abbruch des Zollhäuschens. Vorerst setzte sich das
Baucollegium für die Erhaltung des Hauptgebäudes
ein, des «bedeutendsten Eingangstors vom Jura
her», doch am 31. Mai 1861 wurde es aus «verkehrs-
technischen» Gründen abgerissen. Dass entlang
des ehemaligen Stadtgrabens und der Befesti-
gungsmauern die fantasievollsten Promenaden entstanden, ist aber nicht nur der «grünen» Politik der
Baukommission unter Karl Sarasin zuzuschreiben,
sondern auch der Vereinbarung, dass allfällige Ver-
kaufserlöse aus Baulandreserven an der alten Stadtmauer zur Hälfte an den nun selbstständigen Kanton
Basel-Landschaft zu entrichten gewesen wären.

Wie schnell sich die Stadtgärtnerei entwickelt hat,
können wir heute nicht mehr detailliert belegen. Wir
nehmen an, dass in den Anfangsjahren einige Arbeiten in Verding gegeben, respektive einzelne Arbeiter
nur für kurze Zeitperioden angestellt wurden. In den
Bauakten finden sich vorerst nur lose Belege und im
ersten noch vorhandenen Budgetantrag für das Jahr
1871 wurde nur mit zwei Gärtnern gerechnet. Am
Ende des Jahres jedoch umfasste der Personalrodel
sechs ausgebildete Gärtner. Zudem finden wir auf
der 37-köpfigen Personalliste sieben «(Hilfs-)Arbei-
ter», die bereits seit 1860 angestellt gewesen waren:
Jakob Wirth, Heinrich Gassmann, Hare(?) Burkhard,
Leodegar Wirth und Fritz und Jakob Frankenhauser.
Mit den Herren Wirth und Gassmann finden wir wohl
auch die ersten Grenzgänger, die die Stadtgärtnerei
angestellt hat, kamen die drei doch laut Personal-
blatt aus dem elsässischen Blotzheim.

RAUBEINE UND ERFRORENE FÜSSE

In einem undatierten Budgetantrag für das Rech-
nungsjahr 1871 zeigt sich, dass die damaligen Gärtner pro Tag 3.50 Franken verdient haben, Vorarbeiter
Jakob Wirz drei Franken und die übrigen Hilfskräfte
zwischen 1.60 und 2.40. Dieser Lohn war auch für
die damaligen Verhältnisse äusserst karg, wie wir indirekt aus den Gerichtsakten lesen können: Regelmässig finden wir in den Personalakten Beschlüsse
des «Civilgerichtspräsidenten», der einzelne Löhne
«in Beschlag legt ... und ihn dann an Herrn Amtmann
Jundt (später Hofer) verabfolgen lässt.» Oder haben

da die Hilfskräfte zu sehr ihr (Feierabend-)Bier ge-
nossen? 1904 klagt denn auch der Stadtgärtner explizit, dass «der Fall (wieder) eingetroffen ist, dass ...
N.S. ... am Samstag ... total betrunken» an der Arbeit
gewesen sei. Deshalb sehe er sich «schwer genö-
tigt, das Gesuch zu stellen, N.S. zu den provisorisch
angestellten Arbeitern zurückzuversetzen».

Nicht nur aus obigem Grund mussten die Absenzen
neu geregelt werden. So verlangte das Baucollegium bei einem Fernbleiben – spätestens seit 1875 –
einen «ärztlichen Attest» und bei Grenzgängern, wie
1879 von Jakob Würth, gar eine zusätzliche Beschei-
nigung durch den Bürgermeister. Wie hart die Arbeit
eines Stadtgärtnergehilfen gewesen sein musste,
zeigt die folgende Aktennotiz betreffend Jakob
Würth: Noch im selben Jahr, nämlich am 31. Dezember, bestätigte der selbe Bürgermeister immer noch

A. 7150. Basel, Centralbahnhofplatz.

Der Bau des neuen Centralbahnhofes löste auch in der Grünplanung Basels vieles aus. Das Aeschentor wurde 1861 abgebrochen, der Aeschengraben nach dem Abriss der Stadtmauer als Zufahrtsweg aufgeschüttet und das Bollwerk geschliffen.

mit deutschsprachigem Stempel und unleserlicher Unterschrift einen Arztbericht auf Französisch: «Je soumis… que le nommé Jakob Würth, jardinier, domicilié à Hegenheim (Alsace), a eu les pieds gelés et que je lui donne des soins depuis le 15 Décember et le 31. Décember» (D. Trimbach, médecin cantonal). Ob diese Aktennotiz Beleg dafür sein kann, dass Volk und Politiker damals elsässisch sprachen, Akademiker aber nicht?

1886 hatte die Stadtgärtnerei ein festes Domizil auf dem alten Spitalgottesacker gefunden – sie war unter der Telefonnummer 1640 zu erreichen.

Als ersten Gärtnerlehrling finden wir mit der Aktennummer 53 Fritz Küntzler (11. März 1867–22. April 1870) und das erste erhalten gebliebene Zeugnis des Baucollegiums wurde am 23. Juni 1870 Wilhelm Wirz ausgestellt. Falls ein Gärtner über Mittag nicht nach Hause gehen konnte, hatte er offenbar Anrecht auf «Verpflegung». So ersuchte beispielsweise 1875 das Baucollegium den Verwalter des Bürgerspitals

um die Auszahlung von 24 Franken Verpflegungsgeld an den Gärtner Gustus Pultkammer für die Zeit zwischen dem 20. Juni und dem 9. Juli.

Im Jahr 1886 hatte die Stadtgärtnerei ein festes Domizil auf dem alten Gottesacker des Spitals an der Elsässerstrasse 2 gefunden (die vierstellige Telefonnummer 1640 lässt erahnen, wie viele Basler Anschlüsse es damals bereits gegeben haben muss). 1888 wurde dort das erste Treibhaus errichtet und eigentliche «Topfpflanzer» angestellt. Zudem musste – um Baumschulen für die vielen neu angelegten Baumreihen und Alleen zu pflegen – in der Langen Erle eine Dependance errichtet werden. Dort hielt der «Wiesenbannwart» Aufsicht, nach dem Stadtgärtner und seinem Adjunkten die Nummer 3 in der internen Hierarchie. Ab dem Jahr 1904 wird die Korrespondenz direkt von der Stadtgärtnerei oder vom übergeordneten Baudepartement geführt, die ihre Angestellten spezialisiert haben und nun mit dem Titel ansprechen, zum Beispiel in einem Brief «an den Promenadenarbeiter K. Nebiker».

1908 «gestattet» die Regierung, die inzwischen zu einer Monatslohnbesoldung gewechselt hat, eine Lohnaufbesserung per 1. Januar 1909 um zwei bis vier Franken pro Monat. Und der Sozialstaat wird langsam angestrebt: Laut den Briefwechseln war es

Mit der Sense am Werk: Mitarbeiter der Stadtgärtnerei in den 1940er-Jahren.

nicht «unüblich», Witwen «in Berücksichtigung ihrer Bedürftigkeit eine Fortsetzung der Besoldung ihres (verstorbenen) Mannes auf (drei bis) sechs Monate» zu bewilligen.

PROMENADEN, HAINE, LANDSCHAFTSINSELN

Mit Besen, Rechen, Sense und Schubkarren müssen die Promenadenarbeiter damals unterwegs gewesen sein – leider stammt das älteste Foto, auf dem wir einen Gärtner bei der Arbeit gefunden haben, erst aus dem Jahr 1946. Vorher standen immer «nur» Blumen, Pflanzen und Haine im Fokus, oder aber man liess die Gärtner und Hilfsarbeiter in globo posieren – inmitten der Gruppe der Stadtgärtner, das Personal mit dunkler Schürze und Hut, er selbstverständlich mit Krawatte!

Die Plätze und Haine wurden nicht nur gehegt und gepflegt, sondern auch mit Kalksteinen und Futterstellen für Vögel zu kleinen Landschaftsinseln ausgebaut – immer durch einen «Zaun» von den Kies- oder Mergelwegen und von den Strassen abgetrennt, erst durch kleine gebogene Holzäste, später durch Buchenhecken oder durch hüfthohe Geländer: Als wären die Grünanlagen kleine «botanische Gärten». Und wenn wir die Fotos jener Zeit mit denen des Zoologischen Gartens vergleichen, zeigen sich tatsächlich Ähnlichkeiten in Architektur und Gartengestaltung!

Eine erste gewichtige Arrondierung erhält die Stadtgärtnerei bereits um 1900 mit dem Volkspark Schützenmatte und deren Sportanlagen. 50 Jahre später kommt der ehemalige Kannenfeldgottesacker hinzu. Es grenzt dann – aus der Geschichtsperspektive der Stadtgärtnerei – an Zynismus, dass sich 1988 ein grosser Teil der Bevölkerung dagegen wehrt, die alte Stadtgärtnerei zu schleifen und die neue Freifläche als neueste Grünanlage zum Rhein hin auszubauen. Heute hegt die Stadtgärtnerei 248 Hektaren Grünfläche, dies entspricht rund 15 Prozent der Grösse der Stadt. Urs Albisser-Wermeille

ALLEEN, BAUMREIHEN UND PLATANEN

An der Wende zum 20. Jahrhundert gewannen Baumalleen und Boulevards in Basel grosse Bedeutung. Über 100 Jahre später sind die damaligen Stadtbaupläne wieder hochaktuell.

Anfangs der 1890er-Jahre waren städtische Alleen in Basel selten, abgesehen von den grosszügigen Promenadenanlagen, die auf dem Land der ehemaligen Festungsanlagen angelegt wurden. Stadtauswärts gab es Alleen etwa entlang alter Landstrassen, wie die Kastanienallee an der St. Jakobs-Strasse oder die Allee mit lombardischen Pappeln entlang der Hüningerstrasse. Grossstädtische Avenuen und Boulevards (Ringstrassen) wie sie Zürich mit der Bahnhofstrasse oder Genf im Ringquartier geschaffen hatten, oder wie sie in vielen führenden Weltstädten angelegt wurden, fand man in Basel nicht. Der Grund war machtpolitischer Natur.

Die demokratische Reform von 1875, die das ständisch geprägte Ratsherrenregime ablöste, brachte kaum einen Wandel. Die neu gewählten Regierungsmitglieder waren im Wesentlichen die bisherigen. Entsprechend prägte die Geisteshaltung der einflussreichen Basler Familien auch danach und nicht unwesentlich bis heute Basels Gestaltungsleitbild. Das Bescheidene, das Gediegene, nicht das sonst übliche «Grosstädtische», wird gesucht. Entsprechend unterscheidet sich der Charakter des zweiten Stadterweiterungsplanes auch kaum vom ersten. Ein auffallender Unterschied, abgesehen von der erweiterten Stadtausdehnung, findet sich jedoch in der Darstellung des Stadtgrüns. Während im ersten Plan noch die bedeutenden privaten Gärten wohlhabender Familien hervorgehoben wurden, sind es im zweiten, 1876 entstandenen Plan nur noch die öf-

fentlichen Grünflächen, die als solche dargestellt werden.

DER GROSSE BAUBOOM
Dieses Selbstverständnis erfährt in den 1890er-Jahren einen für einige Jahre geltenden Kurswechsel. 1895 wird der damalige Kantonsbaumeister, ein radikaler, von den Sozialisten und Katholiken unterstützter Kandidat, in den Regierungsrat gewählt. Es ist der aus Norddeutschland stammende Heinrich Reese, der Vorsteher des Baudepartements wird.

Verkehr hatte noch den Bezug zum Verb «verkehren» im Sinne von «treffen». Es handelte sich um das, was man heute Langsamverkehr nennt.

Die Gründe für den nun beginnenden Kurswechsel sind natürlich nicht nur in der Person Reeses zu suchen, sondern auch in einer wohl nie wiederkehrenden Boomperiode, die Basel an der Wende zum 20. Jahrhundert erlebte. Die städtische Bevölkerung wuchs von 1888 bis 1910 von rund 70 000 auf gut 132 000 Einwohner, also fast um das Doppelte. Bei erst 50 000 Einwohnern noch 1875 wird deutlich, welcher Dynamik Basel damals ausgesetzt war. Entsprechende Bautätigkeit begleitete jene Periode:

Die Alleen waren in ihren Anfängen auf die Bedürfnisse der Fussgänger ausgerichtet (hier der nahezu verkehrsfreie Morgartenring im Jahr 1933). Im Lauf der Jahre mussten sich die Alleebäume zwischen Parkplätzen und verbreiterten Strassenführungen behaupten.

Alleen damals und heute: die Kannenfeldstrasse in den 1950er-Jahren (oben links und Mitte), die Bundesstrasse (links), die äussere Baselstrasse (oben rechts), der St. Galler-Ring (Mitte) und die modernisierte Entenweidstrasse (rechts).

1886 wurden noch 63 Wohnhäuser mit 115 Wohnungen gebaut, im Boomjahr 1896 waren es 896 Wohnhäuser mit 1406 Wohnungen.

BEKENNTNIS ZUR GROSSSTADT

Der Auslöser für die neue Planungsphase war aber einmal mehr die Bahn. Der Ausbau und Betrieb der Bahnen hemmte Basels Entwicklung so sehr, dass die Presse von einem «Eisenbahnkrieg» sprach. Diese Auseinandersetzungen lösten eine neue Phase aus, welche den Massstabswechsel ermöglichte. Heinrich Reese schrieb als Vorsteher des Baudepartementes 1897 in der Bauzeitung: «Nach dem Vorbilde, das uns Herr Baurath Stübben aus Köln in seinem Entwurf gegeben hat, und nach dem Beispiel anderer Städte, sind der Vorsteher des Stadtplanbureaus und die Stadtbildkommission bemüht, alles das, was heute von solchen (Stadtentwicklungs-) Plänen verlangt wird, zu berücksichtigen.»

Was sich hinter diesen bescheidenen Worten Reeses verbirgt, war für Basel ein schon fast revolutionärer Wandel. Einerseits zieht Reese den wohl bedeutendsten Planungsspezialisten der Gründerzeit bei, einen auf die Grossstadt ausgerichteten Berater, dessen Buch «Der Städtebau» zur eigentlichen «Städtebau-Bibel» im deutschsprachigen Raum avancierte. Zum anderen schien Basel seinen neuen Status als Grossstadt (über 100 000 Einwohner) ernst zu nehmen.

Basels erste moderne Stadterweiterungsplanung war das Westplateau. Grosszügig mit Alleen bestandene Strassen, Boulevards und Avenuen, gehörten zur Auslegeordnung. Diese Strassen gliederten die Quartiersstruktur und waren «Verkehrsstrassen» im eigentlichen Sinne von Verkehr. Damals bedeutete «Verkehr»: Langsamverkehr. «Verkehr» hatte noch den Bezug zum Verb «verkehren» im Sinne des Treffens und erinnert an seine anfängliche Bedeutung, die sich aus dem Handel herleitet.

POSITIVER VERKEHR

Viel Verkehr war deshalb positiv, ein Merkmal, das sich wertvermehrend auf die Lage einer Parzelle auswirkte und insbesondere geeignet war für herrschaftliches Wohnen. Verkehrsstrassen und Promenaden waren die Orte in der Stadt, wo sich das öffentliche Leben abspielte. Strassen waren nach der Auffassung Joseph Stübbens deshalb nicht nur aus der Sicht des Verkehrs zu dimensionieren, sondern bei der Bestimmung des Breitenmasses war auch «die

Rücksicht auf Gesundheit, Schönheit und Ausschmückung… massgebend». Wenn Stübben von Gesundheit sprach, meinte er nicht nur die üblichen Aspekte der Hygiene, Belichtung, Besonnung und Ausrichtung, sondern hier spielte für ihn die Bepflanzung eine ganz besondere Rolle. Sie beeinflusst das Lokalklima und schützt vor Wind und Regen. Stübben schrieb, dass «Baumreihen in sehr vielen Fällen das beste Mittel (sind), städtische Strassen zu verschönern, die öden Flächen zu beleben, schattenspendend und staubmildernd zu wirken, Anklänge der Natur in die Steinmassen der Stadt zu bringen».

> Alleen beleben, wirken schattenspendend und staubmildernd und bringen Anklänge der Natur in die Steinmassen der Stadt.

Stübben machte detaillierte Ausführungen zu allen Aspekten der Strassengestaltung für die Westplateauplanung. Seine Mitteilungen richten sich dabei an den Ingenieur Ed. Riggenbach, der von Reese ab 1895 mit den Aufgaben der Stadtplanung betraut worden war und der die Stadtplanung für Basel bis zu seinem Tod im Jahr 1929 betreute. Um die Flut der Planungsaufgaben um die Jahrhundertwende zu bewältigen, schuf Reese ein städtisches Planungsbüro unter Riggenbachs Leitung. Es bestand bis 1901.

STÜBBEN UND RIGGENBACH

Riggenbachs erster Entwurf vom Juni 1895 wurde nach einer gemeinsamen Begehung von Stübben detailliert kommentiert und mit Vorschlägen ergänzt. Im Bericht schreibt Stübben:

«Die Aufstellung eines endgültigen Entwurfs für die Stadtanlage auf dem Westplateau Basels ist durch die Riggenbach'schen Vorprojekte in sehr klarer und fachgemässer Weise vorbereitet. Insbesondere kann die allgemeine Verkehrsdisposition der Strassenzüge meines Erachtens fast ohne Änderung akzeptiert werden. Im Detail werden sich indes aus den Rücksichten, welche die gegebene Örtlichkeit, ferner die Schönheit des Strassenbildes, die Bebauung der Blöcke und die Wahl und Gestaltung der Bauplätze öffentlicher Gebäude beanspruchen, manche Verschiebungen und künstlerische Ausbildungen der Strassen und Plätze ergeben, welche

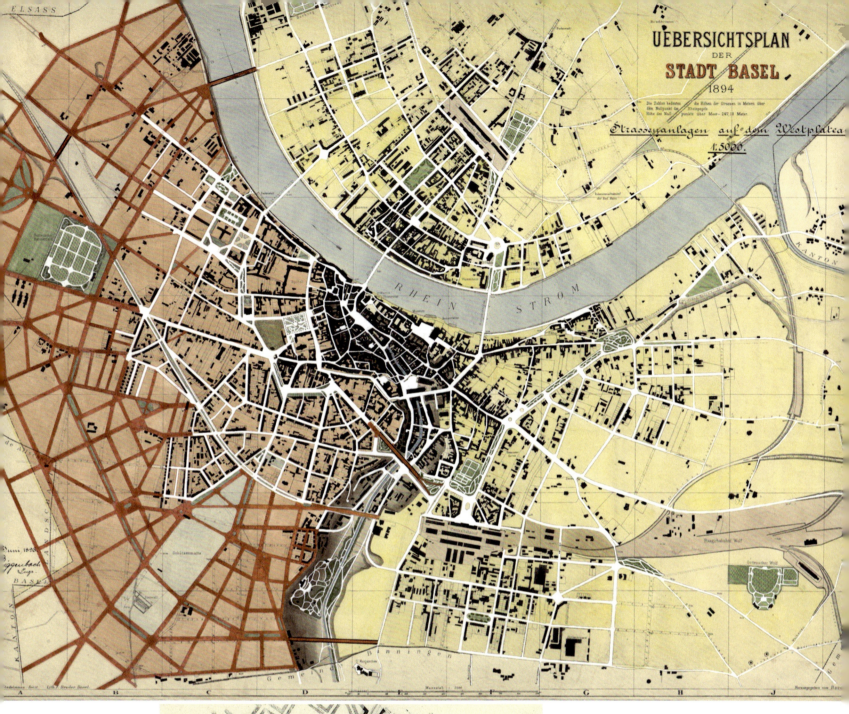

Das Westplateau
(Grafik oben) war die
erste moderne Planung
der Basler Stadt-
erweiterung. Die
Boulevards wurden
grosszügig
mit Alleebäumen
ausgestattet.

dem Plane in seinen entscheidenden Theilen einen mehr individualisierten und anziehenden Charakter verleihen.»

Zu den Bepflanzungen schreibt Stübben: «In den Riggenbach'schen Entwürfen erscheinen die öffentlichen Pflanzungen für die zukünftige Stadt nicht ausreichend vorgesehen. So sollte z. B. der stadtseitige Theil der Schützenmatte, der heute einen etwas verwahrlosten Eindruck macht, in den definitiven Plan als englische Parkanlage mit geräumigen Wiesenflächen zwischen Baumpflanzungen aufgenommen werden. Die zwischen der Elsässer Eisenbahn und der Birsigstrasse erforderliche Strasseneinteilung sollte mit letzteren vereinigt und gemeinsam die Schützenmatte kreuzen, um die Zerschneidung derselben möglichst einzuschränken. Statt der halbkreisförmigen Gartenanlage an der sogenannten Milchsuppe währe wohl besser eine Pflanzung unmittelbar vor der Jrrenanstalt vorzusehen. Ausserdem aber fehlt eine meines Erachtens sehr erwünschte, geräumige öffentliche Pflanzung im äusseren St. Johannviertel, wo für die Zukunft neben industriellen Etablissements eine starke Arbeiterbevölkerung zu erwarten ist.»

Aufgrund der detaillierten Besprechung legte Riggenbach seinen Entwurf vor, der auch die im Bericht angesprochene Entscheidung der Verlegung der Elsässerbahn mitbeinhaltete.

Ein Ausschnitt aus dem Strassenplan dieses Projekts mit den projektierten Alleenreihen zeigt den grossstädtischen Charakter dieser weitsichtigen Planung, die auch schon den späteren vierspurigen Ausbau der Elsässerbahn nach Stübbens Hinweis vorsah, nebst einer Tramführung auf dem äusseren Boulevard.

EIN MODERNER BOULEVARD

Die Planung des Westplateaus entstand in der Zeit von 1895 bis 1903. Die letzten grossen Änderungen zu dieser Planung wurden dem Grossen Rat in einem Ratschlag betreffend «Abänderung des Bebauungsplanes für das Westplateau» am 16. April 1903 vorgelegt und von diesem am 4. Juni 1903 beschlossen. «Mit Beschluss vom 1. Oktober 1898 wurden die Bau- und Strassenlinien für das Gebiet innerhalb der Elsass-Lothringer-Bahn definitiv genehmigt.» Bereits im folgenden Jahr wurde der Schützenmattpark angelegt und in den Jahren 1901 bis 1904 wurden der stadträumlich bedeutendste, moderne Boulevard angelegt, der vom ehemaligen Eisenbahnvia-

dukt via Steinenring, Spalenring, Kannenfeldstrasse bis zum gleichnamigen Platz führt. Entsprechend der Bedeutung wurde für den Boulevard die damals hoch in Mode stehende Baumart «Platanen» ausgewählt.

Ebenso wurde die Allee der Arnold Böcklin-Strasse, die den Steinenring flankiert und zum Bundesplatz führt, mit der gleichen hochmodischen Baumart bepflanzt. Für weitere Alleen wurden andere Baumarten gewählt, so etwa für die Neubadstrasse Krimlinden oder für die Brennerstrasse Winter- und Krimlinden, aber auch Ulmen. Die Ahornstrasse wurde gar nach dem Namen der gewählten Baumart (Spitzahorn) benannt. Für die Strassburgerallee und den St. Galler-Ring wurden Rosskastanien gewählt, für den Morgartenring die Amerikanische Esche, für den Laupenring die Silberlinde und für den Luzernerring Linden, Ahorn und Robinien.

DER BAU DES CITYRINGS

Das heutige Bild dieser Quartiere – vom Bachletten- oder Paulusquartier bis ins St. Johann – ist heute kaum mehr zu vergleichen mit der Situation, wie sie von den Alleen geprägt noch bis in die 1950-Jahre gegolten hatte. Der Grund ist der Verkehr, aber diesmal geht es um den «Schnellverkehr», dem motorisierten Individualverkehr, dem ab den 1930er-Jahren das Augenmerk der Stadtplanung galt. Es wurde zur Aufgabe der Planer, dem schnellen Auto in der Stadt den Vorrang zu verschaffen. Alleen wurden zunehmend als Hindernisse empfunden – insbesondere dort, wo ihre Bedeutung in Bezug auf den Stadtraum am prägendsten wirkt, bei den Kreuzungen und Plätzen. Hier mussten die Bäume Vorsortierspuren und anderen Verkehrseinrichtungen für das Auto weichen. Um das gewünschte Mehr an Fahrspuren zu schaffen, mussten oft Baumreihen, aber auch Velofahrspuren weichen, so etwa entlang des Wasgenrings. Weiter machte man Konzessionen für Parkplätze auf öffentlichem Grund.

Die Schadstoffe der Verbrennungsmotoren und das Salz des Winterdienstes setzten den Bäumen in der Folge stark zu, die Baumreihen lichteten sich. In den 1960er- und 1970er-Jahren wurde dies von einem Grossteil der Bevölkerung kaum wahrgenommen. Das zeigt die Tatsache, dass die Promenadenanlagen, die rund 100 Jahre zuvor auf den Gräben und Schanzen angelegt worden waren, für das Cityring-Projekt geopfert wurden, ohne dass die Bevölkerung namhaften Widerstand geleistet hätte. Bei einer

Da und dort zeigt sich der ursprüngliche Sinn der Alleen noch heute: Gesundheit, Schönheit und Ausschmückung.

Volksabstimmung stimmten 1970 fast 70 Prozent für den Bau des Cityrings.

RENNAISSANCE DER ALLEE

Der Zeitgeist änderte sich erst später. Anfang der 1980er-Jahre begann Basel mit der Ausarbeitung eines Alleenkonzepts. Im Rahmen des Leitbildes «Bäume im öffentlichen Raum» wurden für Neubepflanzungen von Alleen jährlich 500 000 Franken ins Budget aufgenommen. Der Wandel wird auch bei der Planung der Stadtentwicklungsarbeiten im Zusammenhang mit dem Bau der unterirdisch verlaufenden Stadtautobahn «Nordtangente» deutlich. Hier wurde bewusst auf die Boulevardplanungen um 1900 zurückgegriffen und die hier geschichtlich angelegten Potenziale genutzt für die Gestaltung der Stadtteilentwicklungsmassnahmen im Norden Basels.

Stübbens und Riggenbachs über 100 Jahre alte Westplateauplanungen standen diesem Projekt Pate, das mit der Schaffung der Volta-Horburg-Achse als Boulevard des mittleren Rings das Konzept der damaligen Westplateauplanung in zeitgemässer Form weiterführt. Alleen gewinnen als Mittel zur Gestaltung eines zeitgemässen, in der Öffentlichkeit beliebten, natürlichen Stadtraums wieder zunehmend an Bedeutung – Stübbens alte Pläne sind nach etlichen Wandeln heute wieder hochaktuell.

Dr. Roland Zaugg

DIE PLATANE – KÖNIGIN DER ALLEE

Die Platane war am Anfang des 20. Jahrhunderts der Modebaum in Europa. Entsprechend wurde sie auch in der Alleengestaltung in Basel eingesetzt. Jules Nanot beschreibt die Platane in seinem «Guide de l'Ingénieur pour l'Etablissemdent et l'Entretien des Plantations des d'Alignement sur les Routes, Boulevards et Avenues», der in der «Librairie Centrale d'Agriculture et de Jardinage» in Paris 1886 veröffentlicht wurde, wie folgt:

«Die Amerikanische oder Westliche Platane steht unter den Alleenbäumen an erster Stelle. Es ist ein Baum von ganzer Schönheit, und er spendet dank seinen bemerkenswert grossen Blättern viel Schatten. Er wächst rasch und ist selbst im höheren Alter leicht zu pflegen, und er ist winterhart. Er ist formbar, verträgt die Nachbarschaft grosser Gebäude und ist nicht schädlingsanfällig. Das einzige, was wir ihm zugestehen müssen, ist, dass er gewisse Anforderungen an die Beschaffenheit des Terrains stellt, auf dem er steht.»

Die Platane gehörte in den Anfangsjahren zu den häufig gepflanzten Strassenbäumen in Basel – heute ist sie von einer Vielzahl von Schadorganismen bedroht und wird nur noch sehr zurückhaltend verwendet.

VOM KIRCHHOF ZUM HÖRNLI: DIE BASLER FRIEDHOFGESCHICHTE

Früher wurden die Toten Basels in den Kirchhöfen, inmitten der Lebenden, beerdigt. Mehr und mehr wurden die Friedhöfe an die Stadtränder verdrängt – und an ihrer Stelle entstanden etliche heutige Parkanlagen.

Friedhof und Park sind auf den ersten Blick ein seltsames Paar. Viele Leute irritiert schon der Gedanke daran, beide im selben Atemzug zu nennen. Anders als im Mittelalter ist heute der Tod, trotz seiner Allgegenwart in den Medien, aus unserem Bewusstsein verbannt. Der Totentanz bietet sich an, uns eine Brücke vom Friedhof früherer Tage hin zur gepflegten Grünanlage der Gegenwart zu schlagen. Die Grünfläche zwischen Predigerkirche und Tramlinie war im Mittelalter ein Friedhof des um 1233 gegründeten Dominikanerklosters. Der Orden war wegen seiner belehrenden Natur auch als «Prediger» bekannt,

> Der aufgemalte Totentanz erinnert die Menschen während Jahrhunderten daran, dass nichts so gewiss wie der Tod und nichts ungewisser als seine Stunde sei.

was gut zum Totentanzgemälde passte. Es wurde im 15. Jahrhundert auf die Friedhofsmauer gemalt. Der junge Johann Peter Hebel kannte noch die Fresken mit dem Tod als Skelett, der Leute jeden Standes umtänzelte, um sie in die kalte Grube ihres eigenen Grabes zu zerren.

Totentanzdarstellungen sind ein Phänomen aus den Zeiten der grossen mittelalterlichen Seuchenzüge.

Wenn Pest und andere Krankheiten Menschen zu Hunderten dahinrafften, waren das Bewusstsein um den Tod und die Gedanken an das Jenseits besonders geschärft. Der aufgemalte Totentanz erinnerte die Menschen während Jahrhunderten daran, dass nichts so gewiss wie der Tod und nichts ungewisser als seine Stunde sei. Es ist bezeichnend, dass die moderne Scheu vor diesem Gedanken selbst bei der Tramhaltestelle den früheren Namen «Totentanz» verdrängte. Heute wartet man dort beim weniger aufwühlenden «Universitätsspital» auf den Elfer. Der Totentanz wurde 1805 zerstört. Was blieb, ist eine Grünanlage, die weder mahnt noch schreckt. Wo Gras und Blumen im Schatten der Bäume spriessen, lag der so genannte Laienfriedhof der Basler Dominikaner.

BESTATTUNG ZU SPÄTRÖMISCHER ZEIT
Während Mönche in der Kirche oder im Kreuzgang beigesetzt wurden, diente der Laienfriedhof der Bestattung aussenstehender Personen. Meistens fanden hier Leute ihre letzte Ruhe, die dem Konvent nahestanden. Oft war ein Grab in der Obhut des Ordens mit Stiftungen zugunsten des Klosters verbunden. Im Gegenzug dafür pflegten die Mönche das Gedenken an die Verstorbenen, etwa mit Gebeten für deren Seelenheil. Vergleichbare Verhältnisse herrschten auch in den anderen Basler Klöstern, die Begräbnisplätze für Laien anboten. Der Laienfriedhof der Dominikaner geht auf das 13. Jahrhundert

Heute erinnern nur noch Namen an gewisse Plätze in Basel, die früher eng mit dem Tod verbunden waren: Wo heute Janus am Totentanz lag, gab es im Mittelalter einen Friedhof des Dominikanerklosters.

zurück. Die Mönche ahnten kaum, was Ausgrabungen mittlerweile an den Tag brachten: Am selben Ort befand sich bereits rund 1000 Jahre vorher ein Friedhof. Der Fund von Urnen- und Körpergräbern zeigte, dass am Totentanz schon zu spätrömischen Zeiten bestattet wurde.

Jahrhundertelang ruhten die Toten inmitten der Lebenden.

Die Erinnerung an den antiken Friedhof war längst verblasst, als die Dominikaner dort die Toten der Erde übergaben. Der klösterliche Bestattungsplatz ist seinerseits mittlerweile selbst im Dunkel des Vergessens versunken. Er teilt damit das Schicksal der meisten Basler Kirchhöfe. Praktisch um jede Kirche gab es früher einen von einer Mauer umfassten Hof, der zur Beisetzung Verstorbener diente. Innerhalb dieser Mauer war die Erde geweiht, was dem Platz besondere Bedeutung gab. Ein Beispiel bietet das St. Jakobs-Kirchlein, wo dieser umfriedete Hof (daher das Wort «Friedhof») noch existiert. Zwischen Sträuchern kann man noch einige Grabsteine, wie jenen von Arnold Böcklins 1861 verstorbener Mutter Ursula entdecken. Sie erinnern an die Vergangenheit der Gartenanlage als Bestattungsplatz.

DER KIRCHHOF VON KLEINHÜNINGEN

In Kleinhüningen hat ein anderer umfriedeter Basler Kirchhof überlebt. Das Fischerdorf war bereits ein Menschenleben lang baslerisch, als es seine Barockkirche mit Kirchhof bekam. Basel erwarb Kleinhüningen 1640 von der Markgrafschaft Baden. Damals teilte man die Dorfbewohner St. Theodor zu, während der einstige Laienfriedhof des Klosters Klingental ihr neuer Begräbnisplatz wurde. Vor dem Wechsel zu Basel gingen die Kleinhüninger im badischen Haltingen zu Gottesdienst und zu Grabe. Die schliesslich 1710 in nur vier Monaten erbaute Dorfkirche Peter Racines ist heute umgeben von einer reizvollen Parkanlage. Behütet durch die alte Kirchhofmauer bildet der bis 1881 als Friedhof genutzte Ort eine grüne Bastion im von Hafenbauten bedrängten Quartier. Es ist charakteristisch, dass die ummauerten Kirchhöfe von Kleinhüningen und St. Jakob am Rande der Stadt als Grünanlagen überlebten. Im Stadtinneren wäre dies nicht möglich gewesen.

Dort liess die Stadtentwicklung spätestens im 19. Jahrhundert die Kirchhöfe verschwinden. In ihrer Endzeit präsentierten sich diese Bestattungsplätze zuweilen weder als würdige Ruhestätten noch als grüne Inseln. Ihre Böden waren zerwühlt und überfüllt. Zu St. Leonhard ragten 1729 Knochen und Schädel aus dem Erdreich, während Fuhrwerke auf den Kirchhof fuhren und Vieh darauf weidete. Zu St. Peter hatte um 1769 der Sigrist den Kinderkirchhof partiell zum Privatgärtchen umfunktioniert, während der restliche Teil mit Knochen übersät war. Dann kam die Typhusepidemie von 1814. Sie brachte viele Menschen ins Grab, und besiegelte auch das Ende des alten Basler Kirchhofwesens. Die Bestattungsplätze um die Kirchen waren überfüllt und die Lebenden fürchteten die Leichen. Man vermutete, dass von begrabenen Seuchenopfern schädliche Verwesungsdämpfe ausgingen.

TITANWURZ STATT GOTTESACKER

Jahrhundertelang ruhten die Toten inmitten der Lebenden. Doch unter dem Eindruck dieser Epidemie entstanden neue Gottesäcker am Stadtrand. Die Münstergemeinde bekam 1817 einen solchen Friedhof; abseits der Wohnhäuser beim Elisabethenbollwerk. 1825 wurde auf einem Rebgelände beim Spalentor der Spalengottesacker angelegt. Er brachte St. Peter und St. Leonhard Entlastung und war der erste Friedhof ausserhalb der Stadtmauer. 1833 bekam Kleinbasel mit dem Gottesacker St. Theodor im Rosental seinen Bestattungsplatz abseits des Wohngebiets. Die heutige Rosentalanlage mit der alten Friedhofkapelle ist ein Überbleibsel davon. Der Gottesacker der Münstergemeinde wurde seinerseits zur Elisabethenanlage. Auf einem Teil des einstigen Spalengottesackers liegt heute der Botanische Garten als Refugium exotischer Pflanzen, wie etwa der prominenten und übel riechenden Titanwurz.

In den 1860er-Jahren war klar, dass auch die neuen Friedhöfe mit dem Wachstum der Stadt nicht Schritt halten konnten. Sie waren teils schon mehrfach erweitert worden – und trotzdem wurde es eng in den Grabreihen. Hinzu kam, dass die über ihre alten Mauern hinauswachsende Stadt mit neuen Quartieren die einst abgelegenen Bestattungsplätze umschloss. Man richtete nun den Blick noch weiter hinaus. Im Grossbasel entstanden in der Folge die Friedhöfe Kannenfeld (1868) und Wolf (1872). Kleinbasel bekam den Horburggottesacker (1890). Der

Einer der noch heute bestehenden umfriedeten Kirchhöfe ist im Zentrum des ehemaligen Fischerdorfes Kleinhüningen zu sehen.

Weg zum Friedhof wurde für Sargträger immer länger, weshalb sich nebenbei der Leichenwagen etablierte. Die nun aufgehobenen Vorgängerfriedhöfe wandelten sich zu Grünanlagen. Bei den neuen Friedhöfen spielten, im Gegensatz zu den Kirchhöfen vergangener Jahrhunderte, Gestaltung und Bepflanzung eine wichtige Rolle.

ren. Den verstorbenen Altvorderen hat Basel diese Grünflächen zu verdanken. Sie wachen quasi unsichtbar über diese Orte, die von der Stadtgärtnerei als grüne Plätze des Verweilens bewahrt werden. Damit schliesst sich der Kreislauf von Leben und Tod und beendet diesen Rückblick auf den langen Weg vom Friedhof zum Park.   Roger Jean Rebmann

DER GESCHLOSSENE KREISLAUF

Die neuen Nekropolen sollten Verstorbenen eine pietätvolle Ruhestätte und Trauernden einen würdigen Ort des Gedenkens bieten. Nach Eröffnung des Zentralfriedhofs am Hörnli 1932 wurden Horburg und Kannenfeld geschlossen, um allmählich zu Parks zu werden. In Gebrauch blieb der Wolfgottesacker, der heute auch als grüner und stiller Erholungsort geschätzt wird. Wer durch den Kannenfeldpark mit seiner reichen Flora, den Horburgpark oder die neu gestaltete Elisabethenanlage flaniert, geht wahrlich über Leichen. Das muss nicht unangenehm berüh-

Beim St. Jakob-Kirchlein, direkt neben dem heutigen Stadion, hat sich der umfriedete Kirchhof (daher das Wort Friedhof) bis heute erhalten.

Der Wolfgottesacker (links) ist der letzte innerstädtische Friedhof, der neben dem «Hörnli» noch in Betrieb ist.

Die Verstorbenen des heutigen Basel finden ihre letzte Ruhe nahezu ausnahmslos auf dem 1932 eröffneten Friedhof Hörnli (rechts). Damals wurden die städtischen Friedhöfe Horburg und Kannenfeld geschlossen.

RICHARD ARIOLI, DER STADTGÄRTNER MIT DEM HERZ FÜR KINDER

Zu den prägendsten Stadtgärtnern Basels gehörte zwischen 1940 und 1970 Richard Arioli. Ihm lagen die Kinderspielplätze in der Stadt besonders am Herzen.

Richard Arioli wurde am 23. April 1905 in Basel geboren. Er durchlief eine berufliche Ausbildung zum Gärtner und Landschaftsarchitekten. Seine reiche berufliche Erfahrung erwarb er sich in führenden Gartenbaufirmen im In- und Ausland. Er war Anlagenleiter in Algerien und als Geschäftsführer im französischen Biarritz tätig. Auf Studienreisen in verschiedene europäische Länder wie England und Spanien vervollständigte er sein Fachwissen.

1933 trat er seinen Dienst als Stadtgärtner von Winterthur an. Am 1. März 1940 wurde Richard Arioli als Nachfolger von Hermann Harder zum Stadtgärtner von Basel berufen. Am 30. April 1970 trat Richard Arioli nach 30-jähriger, erfolgreicher Tätigkeit als Stadtgärtner von Basel in den Ruhestand. Die «Basler Nachrichten» veröffentlichten an seinem letzten Arbeitstag folgende Würdigung:

«Über sein langjähriges Wirken als Stadtgärtner in seiner Vaterstadt Basel hat sich Richard Arioli durch seine anerkannten Leistungen selbst das beste Zeugnis ausgestellt. Die vielen unter seiner Leitung von der Stadtgärtnerei geschaffenen Grünanlagen haben immer wieder die Anerkennung der Bevölkerung gefunden, und es ist auch weitgehend seinem organisatorischen Geschick zu verdanken, dass der aufwendige Unterhalt der vielen öffentlichen Grünflächen und Alleen trotz immer spürbarem Personalmangel bisher stets gemeistert werden konnte. Die Pflege des erhaltenswerten Baumbestandes war dem scheidenden Stadtgärtner ein besonderes An-

liegen, und er hat denn auch immer wieder auf die den Alleen drohenden, vielfältigen Gefahren hingewiesen. Wenn aber kranke und absterbende Bäume gefällt werden mussten, so verstand er es, einen derartigen Entscheid gegen vielfach unsachliche Kritik fachlich überzeugend zu begründen und nötigenfalls auch zu verteidigen.

Nicht nur das Personal der Stadtgärtnerei, sondern auch die vielen Kleingärtner, für deren berechtigte Interessen sich Richard Arioli immer wieder einsetzte, verlieren in ihm einen geschätzten Chef und Ratgeber. Sie alle, aber auch seine engsten Mitarbeiter im Baudepartement und in den anderen Verwaltungsstellen, die Richard Arioli als ebenso gewissen-

> 1942 standen Projekt und Budget für einen ersten Kinderspielplatz im Basler Margarethenpark.

haften wie loyalen, fröhlichen und humorvollen Chefbeamten schätzten, wünschen ihm für den wohlverdienten Ruhestand alles Gute. Die Öffentlichkeit dankt ihm für die grosse, im Dienst unserer Stadt geleistete Arbeit.»

Richard Arioli trat in Basel seinen Dienst an, als in Europa noch Krieg herrschte. Seine Amtszeit fällt daher vorwiegend in die Nachkriegszeit und dem damit

Typisch Arioli: die Kletterspirale, die Metallbänke und die Planschbecken.

verbundenen wirtschaftlichen Aufschwung mit der Hochkonjunktur. Diese Zeit war geprägt von kinderreichen Familien, dem Zustrom ausländischer Arbeitskräfte für die Industrie, der rasanten Entwicklung der Stadt, dem wachsenden Wohlstand und der motorisierten Mobilität.

1932 war der Friedhof am Hörnli fertiggestellt worden und die ehemaligen Gottesäcker Kannenfeld und Horburg mussten einer Nachnutzung zugeführt werden. Die industrielle Entwicklung der Stadt erforderte die Erschliessung neuer Energiequellen. Das Kraftwerk Birsfelden und die dazugehörige Schleusenanlage mit der neuen Grünanlage auf der Kraftwerkinsel wurden erstellt. Das Bruderholz wurde als modernes Villenquartier erschlossen. Beim Wasserturm entstand eine weitläufige Grünanlage. Der Zoologische Garten Basels wurde massgeblich erweitert.

Arioli erkannte die Notwendigkeit von Spielplätzen, da Kinder vom wachsenden Verkehr mehr und mehr von der Strasse verdrängt wurden.

Richard Ariolis grosse Aufmerksamkeit galt aber den Familien mit Kindern. Für sie setzte er sich im Besonderen ein. Es entstanden in Basel zahlreiche Kinderspielplätze mit Planschbecken, welche er bis hin zu den letzten Details mehrheitlich eigenhändig entwarf.

Arioli beschrieb in verschiedenen Veröffentlichungen, wie Spielplätze nötig wurden, als das Auto nach dem Zweiten Weltkrieg die Kinder mehr und mehr aus den Strassen verdrängte. In den Grünanlagen mussten spezielle Spielräume für Kinder eingerichtet werden.

1942 standen Projekt und Budget für einen ersten Kinderspielplatz im Basler Margarethenpark. 1944 konnte mit dem Bau begonnen werden. Dagegen gab es aber auch Widerstand. Die Nachbarschaft protestierte in einem Schreiben mit ca. 30 Unterschriften gegen das Projekt, ein Vorgehen, welches sich in den folgenden Jahren in allen Quartieren bei jedem neuen Kinderspielplatz wiederholen sollte.

Der Margarethenpark wurde in drei Teile geliedert, jeder Teil einer verschiedenen Altersstufe zugedacht. Von diesem Konzept rückte Arioli in der Folge wieder

ab, denn er wollte die Generationen nicht trennen. «Auf unsere Aufgabe übertragen heisst das: kein abgegrenzter, in sich geschlossener Kinderspielplatz, sondern eine Streuung der Kinderspielgeräte über einen grösseren Teil des Parks, damit sich hier nun alle Altersstufen vermischen. … Aus solchen Überlegungen heraus entstand die Anordnung der Kinderspielgelegenheiten im Schützenmatt- und Kannenfeldpark.»

Ab zirka 1954 propagierte die Pro Juventute den Robinsonspielplatz als Kombination von Gerätespielplätzen herkömmlicher Art mit Bauspielplätzen. Somit sollten die Kinder einen Ort erhalten, wo sie ihre Fantasie im Spielen ausleben können. «Im Lauf dieses nun über 20-jährigen Arbeitens an den öffentlichen Spielplätzen und immer neuen Überdenkens des Problems werde ich aber den Zweifel nicht los, dass – Geräte oder Robinsonspielplätze oder beides zusammen – der Weg falsch ist.» Arioli forderte, dass das Spiel in den Alltag eingebunden werden muss, das heisst in die unmittelbare Wohnumgebung. Und er plädierte schon zu jener Zeit für die Realisierung von Wohnstrassen.

Die Kleingartenbewegung, welche zu Beginn des 20. Jahrhunderts aus der wirtschaftlichen Notlage für viele Familien sehr wichtig wurde, war für Richard Arioli ein wesentliches Grün- und Freiraumangebot. Im Vordergrund stand zunächst die Selbstversorgung. Mit wachsendem Wohlstand, Verkehr und Lärm in der Stadt sollten die Gärten aber vermehrt auch als Erholungs- und Ruheoasen dienen.

Richard Arioli war Mitbegründer der VSSG (Vereinigung Schweizerischer Stadtgärtnereien und Gartenbauämter). Er war zünftig bei der E. Zunft zu Gartnern. Er veröffentlichte zahlreiche Publikationen und Fachbeiträge. Auch im Ruhestand kommentierte er mit spitzer Feder die Ereignisse rund um die «Alte Stadtgärtnerei». 1985 wurde Richard Arioli von der Universität Basel die Ehrendoktorwürde zuteil. Am 14. Juli 1994 verstarb Richard Arioli in Basel.

Emanuel Trueb

Kinder in die Parks,
das war Richard Ariolis
(Bild unten links) Motto.
Ob mit dem Schlitten
im Kannenfeldpark
1953 oder an der
typischen Arioli-Spirale,
das war sekundär.

G59, GRÜN 80, WEIL 99: DIE GRÜNEN AUSSTELLUNGEN

Drei Gartenausstellungen haben die grüne Architektur und Gestaltungsmodelle wesentlich geprägt: die G59 als erste nationale Gartenausstellung in Zürich, die Grün 80 in der Brüglinger Ebene von Basel und die Grün 99 im benachbarten deutschen Ort Weil am Rhein.

Gartenausstellungen haben eine lange Tradition. Im Vordergrund steht die Ausstellung von Pflanzen, von Blumen, von botanischen Sammlungen und deren besondere Präsentation. Für derartige Ausstellungen werden Pflanzen oft eigens hergerichtet. Diese Tradition findet sich in unterschiedlichsten Kulturkreisen. In der fernöstlichen Gartenkultur, ganz besonders in Japan, hat sich die Ausstellung und Herrichtung von Pflanzen über Jahrhunderte zu einer herausragenden Form der Gartenkultur entwickelt. Da die gärtnerische Arbeit seit alters her auch immer aus der Sammlung, Veredelung und Selektion von Pflanzen besteht, dienen Ausstellungen immer auch als Leistungsschauen für Pflanzenfreunde und für das Gärtnergewerbe.

1959 fand in der Schweiz erstmals die G59, eine nationale Gartenausstellung, statt. Diese wurde liebevoll auch «Blumen-Landi» genannt und diente als Leistungsschau für das hiesige Gärtnergewerbe. Aus Anlass des 50-Jahr-Jubiläums der G59 verfasste die Landschaftshistorikerin Annemarie Bucher in Zusammenarbeit mit der Hochschule für Technik in Rapperswil und dem Architekturforum Zürich eine Plakatausstellung. Im Ausstellungsführer schreibt Annemarie Bucher:

«Im 20. Jahrhundert entwickelten die Gartenausstellungen als kommunale und nationale Grossausstellungen neue Perspektiven, nahmen einerseits Einfluss auf städtebauliche, wirtschaftliche und ökologische Entwicklungen und boten andererseits Raum für gestalterische und künstlerische Debatten. Besonders im Nachkriegs-Deutschland entfalteten Gartenschauen eine beachtliche Wirkung und vermochten namhafte Beiträge zum Wiederaufbau und zur Festigung der nationalen und lokalen Identität zu leisten.

In der Schweiz fanden bisher nur zwei nationale Gartenschauen statt. 1959 die G59 in Zürich und 1980 die Grün 80 in Basel. Obwohl beide Anlässe unterschiedliche Epochen der schweizerischen Landschaftsarchitektur spiegeln, haben sie sich mit einem temporären Spektakel und mit überdauernden Planungen und Gestaltungen ins Raumbild der Stadt und ins kollektive Bewusstsein eingeschrieben.»

Gartenausstellungen gelten immer auch als Leistungsschauen für Pflanzenfreunde und für das Gärtnergewerbe.

Am 25. April 1959 wurde die G59 als Resultat eines fruchtbaren Zusammenschlusses des Gartenbau und -planungsgewerbes eröffnet. Damit folgte sie den unzähligen Beispielen von Gartenschauen in Deutschland und der Landesausstellung von 1939. In dieser Zeit vermochten namhafte Landschaftsarchitekten wie Klaus und Walter Leder oder Ernst

Die G59 in Zürich war die erste grosse Gartenausstellung der Schweiz und folgte den zahlreichen Beispielen aus Deutschland.

Die Grün 80 in der Brüglinger Ebene hat sich mit ihrem Wahrzeichen, dem Dinosaurier, bis heute als beliebtes Naherholungsziel der Basler Bevölkerung bewährt. Links ein weiterer damaliger Blickfang der Grün 80, der 75 Meter hohe Drehturm «Tour St. Jacques», der heute seit 1983 als «Euro-Tower» im Europapark in Rust steht.

Die Grün 80 war ein Highlight in vielerlei Hinsicht. Auch Queen Elizabeth von England und die damaligen Bundesräte Kurt Furgler und Pierre-André Chevallaz gehörten zu den illustren Gästen, die viel Grün und den Original-Dinosaurier bestaunten.

Der Schlaichturm (rechts) mit seinen grossen, über eine schier endlose Wendeltreppe erreichbaren Aussichtsplattformen gehörte zu den Attraktionen der deutschen Landesgartenausstellung 1999 in Weil am Rhein.

Baumann und Willi Neukom, aber auch Ernst Kramer, Akzente zu setzen. Die G59 entwickelte sich als Experimentierfeld für die Verwendung neuer Materialien wie Betonplatten und Eternitelementen. Der Eternithocker von Ludwig Walser oder der Stuhl von Willy Guhl wurden zu Ikonen jener Gartenschau.

Erst 21 Jahre später wurde in Basel die Grün 80, die Schweizerische Ausstellung für Garten- und Landschaftsbau, eröffnet. Diese Gartenausstellung hat sich in Basel bis heute als Begriff erhalten und gilt bei vielen Leuten als Synonym für die Brüglinger Ebene mit den Sportanlagen, der Parkanlage «Stiftung im Grünen» mit dem Seegartenrestaurant der Migros, dem Botanischen Garten im Merian Park und dem Produktionsbetrieb der Stadtgärtnerei Basel. Das hat sicher auch damit zu tun, dass der Ausstellungsort bis zum heutigen Tag als Freiraum für Sport, Freizeit, Erholung und Gartenkultur für die Bevölkerung von Basel und Umgebung erhalten geblieben ist. Es war den glücklichen Umständen zu verdanken, dass die Christoph Merian Stiftung am Standort des ursprünglichen Gutsbetriebes des Stifterehepaars den landwirtschaftlichen Betrieb zugunsten einer allgemeinen Parknutzung aufheben wollte. Gemeinsam mit der Einwohnergemeinde Basel, welche die grösste zusammenhängende Sportanlage der Schweiz realisieren wollte, konnte ein geeignetes Gelände zur Verfügung gestellt werden.

Es ist aber ebenso auf das Engagement des Verbandes Schweizerischer Gärtnermeister (VSG) und des Bundes Schweizerischer Garten- und Landschaftsarchitekten (BSG) zurückzuführen, dass trotz schwieriger politischer Voraussetzungen im Januar 1977 der Projektwettbewerb für vier Geländesektoren ausgeschrieben werden konnte.

> Die Grün 80 sollte die Wechselwirkung zwischen Natur und Gartenkultur, aber auch das Spannungsfeld zwischen Städtebau und Freiraum aufzeigen.

Das Leitmotiv lautete «Mensch und Natur» und sollte die Wechselwirkung zwischen Natur und Gartenkultur, aber auch das Spannungsfeld zwischen Städtebau und Freiraum aufzeigen. Symbolhaft zierte ein entlaufener Dinosaurier auf einer Autobahn die Plakatwerbung für die Grün 80 und setzte als massstäbliche Nachbildung eine Landmarke im Ausstellungsgelände.

Ganz im Zeichen der Zeit entstand eine grosszügige Seeanlage mit natürlich gestalteten Uferzonen.

Vorläufer der ersten Gartenausstellung in der Schweiz war 1939 die «Landi» in Zürich. Im Bild der PTT-Pavillon (links) und der «Plastikjodler».

Dabei kamen grossformatige Natursteine in unterschiedlichsten Formen zur Anwendung. Neben den eigentlichen Ausstellungs- und Marktbereichen gab es die einzigartigen Sammlungen wie Iris, Fuchsien und Pfingstrosen im neu errichteten Botanischen Garten zu bewundern. Selbst wenn die Grün 80 für das Gärtnergewerbe in einem mittleren Fiasko endete, muss heute festgestellt werden, dass diese Ausstellung für das Gärtnergewerbe eine nachhaltige Wirkung entfalten konnte. Auch die Stadt Basel nahm die Grün 80 zum Anlass, einige Freiräume wie die Kleinbasler Rheinpromenade oder den Rümelinsplatz in der Stadt neu zu gestalten. Grossformatiges Betonmobiliar, rötlicher Porphyrstein und der dunkelblaue Anstrich der Möblierung im öffentlichen Raum waren gewisse Elemente der Freiraumgestaltung jener Zeit.

1999 wurde in Weil am Rhein die Landesgartenschau Grün 99 eröffnet. In Baden-Württemberg wurde der Auftrag zur Durchführung der Stadt Weil übertragen. So kam auch die Region Basel in den Genuss einer weiteren Gartenausstellung. Diese stand, ähnlich wie die Grün 80, im Zeichen der Natur im Siedlungsraum. Sie wurde im ehemaligen Kiesabbaugelände samt Einrichtung eines grosszügigen Naturschutzgebietes installiert. Gartenbaukunst unter Einbezug von Ruderalvegetation und Berücksichtigung voranschreitender Sukzession waren die herausfordernden Themen dieser Gartenausstellung. Der grösste Teil dieser Anlage konnte bis heute als Parkanlage für die Bevölkerung erhalten werden. Ganz im Zeichen der Zeit wurden vielerorts nach dem Beispiel der Grün 99 auch in Basel Ruderalflächen angelegt. Diese folgen zwar der Gesetzmässigkeit der Sukzession, werden aber an vielen Stellen in der Stadt als wertvolle Biotope gepflegt.

Emanuel Trueb

EIN EIGENER GARTEN IN DER «ALTEN STADTGÄRTNEREI»

1986 wurde die «Alte Stadtgärtnerei» beim St. Johanns-Tor vorübergehend kulturell genutzt, später besetzt, geräumt und in einen Park umgewandelt. Erinnerungen an eine wilde Zeit.

Es gibt Stadtgärtner und Stadtgärtner. Die einen lässt man machen, die anderen nicht. Im Basel der 1980er-Jahre zumindest. 1986 zum Beispiel. Da wäre es endlich so weit. Die Stadtgärtnerei hat noch 1985 ihr Material vom Elsässer Rheinweg 2a in ihre neuen Anlagen in Unter-Brüglingen gezügelt und wird dies im Sommer offiziell feiern. Auf grosszügigen Arealen und neuen Gewächshäusern mit dem ausdrücklichen Segen der Münchensteiner.

Am alten Ort vor dem St. Johanns-Tor aber bleiben eher wacklige Werkstätten und Gewächshäuser zurück, deren erstes schon 1888 errichtet worden sein soll. Ein ehrwürdiger Ort, 100 Jahre dem Wachsen gewidmet. Gleich in den Anfängen hatte man hier in den Festungsgräben vor dem Tor Jungbäume gezogen, für den neu angepflanzten Aeschengraben oder die St. Alban-Anlage. Tempi passati. Bald würde alles in einen Dornröschenschlaf versinken. Doch ein fertig geplantes Projekt stand bereit. Darum würde der Schlaf eher nicht 100 Jahre dauern. Doch es kam anders. Schuld waren «neue Stadtgärtner», die keine waren und sich über Nacht zu «alten Stadtgärtnern» wandelten.

KEIN WOHNQUARTIER, EIN PARK

Mit dem Auszug nach Brüglingen war eigentlich die Bahn frei für die letzten Etappen einer Neugestaltung, die der Basler Grosse Rat für das ganze «Schlachthof-Areal» nach mehrfach geänderten Plänen 1980 verabschiedet hatte. Nicht mehr ein neues Wohnquartier mit 450 Wohnungen, Hallenbad und Altersheim, wie es 1969 die Wettbewerbssieger Vischer + Weber vorgeschlagen hatten, sollte es sein. Die Zeit verlangte weniger Beton, dafür einen Park, den das vernachlässigte Quartier dringend nötig hätte. Noch war 1986 ein Seilziehen um den Erhalt der Gebäude des der Stadtgärtnerei benachbarten Schlachthofs im Gange. Er diente längst nicht mehr dem Töten, sondern dem Retten, denn hier

Die alte Stadtgärtnerei (links) war schon 1888 auf dem Areal des heutigen St. Johanns-Park eröffnet worden. 100 Jahre war sie – auch in Nachbarschaft zu rauchenden Hochkaminen – dem Wachsen gewidmet.

Auf der Strasse für kulturelle Freiräume. In der alten Stadtgärtnerei sollte die Zwischennutzung zu einer endgültigen werden. Doch die Politik liess sich nicht umstimmen.

waltete zwischennutzend der Zivilschutz. Der magische Ort der verlassenen alten Gärtnerei mit ihren Glashäusern verfällt jedenfalls nicht dem traumlosen Schlaf. Er wird mit behördlicher Bewilligung für ein «Projekt Stadtgärtnerei» neu belebt. 32 Künstler beteiligen sich mit Werken, Installationen, Tanz und Vorstellungen. Geräusche der Gärtnerei etwa werden Teil neuer Musik und begegnen bildender Kunst. Wie legal das alles ist, zeigt sich auch daran, dass die «Basler Zeitung» das auch während der Art'17 laufende Projekt mit einer siebenseitigen Serie begleitet. Im letzten Teil aber soll alles zu Ende sein und es heisst: «Am alten, zum Abbruch bestimmten Ort beginnt der Zerfall.»

Die Besetzer ziehen widerstandslos ab und Bauarbeiter beginnen gleich mit der Zerstörung der Glashäuser.

DEMONSTRATIONEN UND BESETZUNG

Doch dem gebietet eine «Interessengemeinschaft alte Städtgärtnerei Igas» noch Einhalt. Bis zum 1. Dezember 1986 darf sie das Areal weiter nutzen. Ein bunter Betrieb von «alternativer Daseinsfreude» entwickelt sich. Und es kommt, was oft kommt. Die IG der Stadtgärtner will nach Ablauf der Frist nicht alles wieder aufgeben. Eine erste Demonstration zieht durch die Stadt. Es kommt zu Polizeieinsätzen. Das Areal bleibt besetzt, von den «Alten Stadtgärtnern», wie sie jetzt heissen. Die Fronten härten aus. Auf der einen Seite, mit einer starken Fraktion aus dem Quartier, stehen jene, die eine unverzügliche Realisierung des vom Grossen Rat demokratisch verabschiedeten Parks verlangen und eine schweigende Mehrheit hinter sich wähnen. Auf der anderen all jene, die aus unterschiedlichsten Gründen mit den jugendlichen «Alten Stadtgärtnern» und ihrem Garten sympathisieren, die zu Recht den Mangel an alternativ gestaltbarem Freiraum beklagen und das mal Eroberte behalten wollen.

Es gilt, Zeit zu gewinnen. Vielleicht steht das Volk gar nicht hinter dem Park-Projekt des Grossen Rates und sympathisiert eher mit der alternativen Nutzung? Im Juni 1987 wird von 17 Organisationen eine Initiative «Kultur- und Naturpark St. Johann» lanciert. Eine von Schülerinnen und Schülern lancierte Petition fordert, dass die alte Stadtgärtnerei unverändert als selbst verwalteter Freiraum erhalten bleiben müsse.

Im August wird die Initiative eingereicht. Alles scheint offen, ein neues Räumungsdatum läuft unbefolgt ab. Das Leben im geborgten Freiraum wird vielfältiger und manches etabliert sich. Ein Bassin lockt und man kann gar mittendrin einem Schwein begegnen.

RÄUMUNG UM 4 UHR 30

Das gefällt keineswegs allen. Im Mai 1988 verwirft das Basler Stimmvolk die Initiative mit 54 Prozent Nein zu (immerhin) 46 Prozent Ja. Der Grosse Rat debattiert fünf Stunden lang über das Thema und eine Mehrheit fordert schliesslich die Regierung auf, den Grünpark nun so zu realisieren, wie es auch in den Abstimmungsunterlagen dargestellt worden war. Die Regierung verlangt jetzt, dass bis zum 6. Juni 1988 das Gelände zu verlassen ist und bietet Gespräche über bescheidenere andere Freiräume an. Doch die Exekutive ist schwer zerstritten. Die beiden sozialdemokratischen Regierungsräte Matthias Feldges und Remo Gysin sind im Gremium mit einem Vorschlag gescheitert, einen Teil der Gebäude stehen zu lassen. Jetzt präsentieren sie ihren «Kompromiss» in der Öffentlichkeit. Fünf Tage vor dem 6. Juni.

Drei Tage später lehnt eine Vollversammlung der «Alten Stadtgärtner» einen Abzug ab. Am 21. Juni 1988 wird es darum Ernst und der «Volkswille durchgesetzt». Um 4 Uhr 30 steht die Polizei vor den Toren. Die Besetzer ziehen widerstandslos ab und Bauarbeiter beginnen gleich mit der Zerstörung der Glashäuser. («Ein Fehler», wird man später zugeben.) Es kommt zu einer als friedlich geschilderten Protestdemonstration, am Abend zu Krawallen vor dem Areal. Die bürgerlichen Regierungsräte tadeln ihre beiden dissidenten Kollegen öffentlich.

DIE NARBEN DER ZEIT

Neue Demonstrationen folgen, jetzt auch mit massiven Sachbeschädigungen, angeblich von Zugereisten verursacht. Den Stadtgärtnern werden Alternativen angeboten (etwa im Bässlergut) und von ihnen abgelehnt, oder von den Besetzern gefordert (Altes Gaswerk) und von der Regierung verworfen. Am 20. August wird das ehemalige Kino «Union» besetzt. Zum lauten Entsetzen der Basler Kantonalbank, die ein Projekt realisieren will. Erst am 1. April 1989 wird auch hier geräumt. Die Proteste werden trotzdem weniger. 1990 sind die Schlachthallen abgebrochen. Am 7. Mai 1992 wird der St. Johanns-Park dem Quartiervolk übergeben. Es hat ihn längst erobert.

Heute deutet im St. Johanns-Park nicht mehr viel auf die ehemalige Stadtgärtnerei und die politische Auseinandersetzung um ihre künftige Nutzung in den späten 1980er-Jahren hin.

Ob Narben blieben? «Die jugendlichen Besetzer», so schrieb 1988 der Basler Soziologe Lucius Burckhardt, «sind nach einem Sommer Arbeit überzeugt, dass sie einen schönen und nützlichen Garten hergerichtet haben. Sie laden die Stadtbevölkerung ein, weil sie glauben, sie könnten sie gegen den geplanten Park mobilisieren. Doch die Basler Bürger, die guten Willens kommen, um zu prüfen, ob man ihn in dieser Form überlassen könne, schrecken gleich zurück. Sie sehen nicht den Garten, den die Jungen hier angelegt haben wollen, sondern eine dysfunktionale innerstädtische Fläche in unhaltbarer Unordnung.» Der Aufsatz trug den Titel «Die Vernunft schläft im Garten.»

Martin Hicklin

SCHÜTZENGRABEN: IN KETTEN GEGEN DIE SÄGEN

Mit der «Aktion Aufbäumen» wurde 1990 die Fällung zahlreicher Platanen am Schützengraben verhindert. Unter den Aktivisten, die ein wegweisendes Baumurteil auslösten, befand sich auch der heutige Stadtpräsident Guy Morin.

Der Termin war auf einen verkehrsarmen Samstagmorgen festgelegt, die Maschinen und Männer an den Cityring bestellt. An diesem 20. Januar 1990 sollten am Schützengraben endlich eine Reihe von Platanen gefällt werden, von denen einige nach Meinung der Stadtgärtnerei gefährlich krank waren. Es waren Bäume, die als stolze Zeugen der ersten Bepflanzung des Grabens aus der Gründungszeit der Stadtgärtnerei überlebt hatten, obwohl sie schon beim Bau des Cityrings ziemlich viel durchgemacht haben mussten. Sie waren vor allen Menschen, die noch lebten, da gewesen. Jetzt galten einige von ihnen als akut gefährdet. Schon der nächste Sturm könne das Ende bringen, hiess es. Für den durchrauschenden Verkehr eine Gefahr. Der Beschluss, die Platanenallee zu fällen und zu ersetzen, war innerhalb der Verwaltung gefällt worden, die Möglichkeit eines Einspruchs nicht gegeben. Das sollte sich ändern. Ein wichtiger Schritt dazu wurde an diesem frühen Samstagmorgen im winterlichen Januar getan.

30 AKTIVISTEN AN DEN BÄUMEN

Denn «überfallartig», so berichtet die «Basler Zeitung» am Montag danach, hätten bereits morgens um 4 Uhr 30 «etwa 30 Aktivisten» die Bäume «besetzt». Ein Teil sei auf die Bäume geklettert, andere hätten sich mit Eisenketten «an die Bäumstämme fesseln» lassen. Um echtes Fesseln, wollte der Berichterstatter mit den Anführungszeichen signalisie-

ren, hatte es sich nicht gehandelt. Waren doch unter den revoluzzenden Frühaufsteherinnen und -aufstehern bekannte Namen. Der Grossrat Bernhard Batschelet von den Progressiven Organisationen Basel (POB), Markus Ritter von der Grünen Partei, Katia Dormann und Guy Morin, damals noch beim Landesring der Unabhängigen, oder der Anwalt René Brigger von den Sozialdemokraten. Sie verhinderten mit ihrer «Aktion Aufbäumen» vorerst erfolgreich, dass die Kettensägen an- und die Bäume umgeworfen wurden. Und das doch, wie der BaZ-Chronist mit etwas vorwurfsvollem Unterton schreibt, «nach einem langwierigen demokratischen und politischen Prozedere».

> Es waren Bäume, die als stolze Zeugen der ersten Bepflanzung des Grabens aus der Gründungszeit der Stadtgärtnerei überlebt hatten.

Tatsächlich standen sich am Graben bei der Feuerwehr zwei Welten gegenüber. Auf der einen Seite Stadt und Staat, die das von den einstigen Grossrätinnen Trudi Gerster und Mary Paravicini-Vogel initiierte und seit 1980 geltende Baumschutzgesetz mit bestem Gewissen, ausgelegt und als nötig erachtete Massnahmen der Verjüngung vermeintlich endgültig

Der Schützengraben 2012: Noch immer mit (am Jahresanfang geschnittenen) Platanen bestückt – 22 Jahre nach der spektakulären Protestaktion.

getroffen hatten. Stadtgärtner Hansrudolf Bühler war tief beunruhigt, dass sich beim nächsten starken Wind ein Unfall ereignen könnte, den man dann der Stadtgärtnerei anlasten würde. Auf der anderen Seite die Baumschützer, die an der Weisheit des Beschlusses zweifelten, aber auch grundsätzlich kritisierten und am Exempel statuierten, dass auch Bäume zu leichtfertig dem Verkehr geopfert würden. Vor allem aber war für sie stossend, dass die Fällung von Bäumen als Amtshandlung ohne Rekursmöglichkeit beschlossen werden konnte.

GEWALTLOS ANS ZIEL

«Wir hatten von der Fällaktion gewusst und uns in der Nähe des Spalentors bei unserem Mitstreiter Bernhard Batschelet versammelt. Mit langen Leitern für die Baumbesteiger unter uns», erinnert sich im November 2011 schmunzelnd Markus Ritter, nun Generalsekretär im Präsidialdepartement, dem wiederum Mitbaumbesetzer Guy Morin als erster Regierungspräsident des Kantons Basel-Stadt vorsteht. Die «Aktion Aufbäumen», die mit Transparenten wie «Die Bäume müssen weg, Autos machen weiter

JETZ LÄNGT'S !

Eine eindrückliche Demonstration für die Platanen im Schützengraben. Mit Leitern, Ketten und Transparenten kämpften Aktivisten 1990 für die stolzen Holzveteranen.

Wir brauchen KEINEN CITY-RING
Wir brauchen SAUERSTOFF!

Dreck» den Vorwurf erhoben hatte, dass der motorisierte Verkehr immer Vorfahrt hat, erreichte gewaltlos das Ziel. Baudirektor Eugen Keller, der selbst an den Graben gekommen war, sagte die Fällaktion vorerst mal ab und zeigte sich vor den Medien gesprächsbereit. Er werde die Aufbäumenden von der Notwendigkeit der Fällung zu überzeugen versuchen, sprach aber auch, wie berichtet wird, von der «Diktatur der Minderheit». Stadtgärtner Bühler aber, der immer schon geklagt hatte, die gefährlichen Bäume brächten ihn um den Schlaf, erklärte nun, er übernehme ab sofort keine Verantwortung mehr für die Allee.

Die Polizei, deren Vorsteher Karl Schnyder am Tag des Aufbäumens «ins Ausland verreist» gewesen war, rechtfertigte ihr Nichteingreifen mit der Verhältnismässigkeit. Das Baudepartement, so Alfredo Fabbri als Sprecher, habe auch nicht klar um eine Sicherung der Fällarbeiten ersucht. Vor allem, hiess es in der BaZ, lege der Departementssprecher Wert auf die Feststellung, dass die Aktion der Besetzer «generalstabsmässig» vorbereitet gewesen sei. Darüber freut sich Markus Ritter noch heute. «Das war für einen Dienstverweigerer ohne militärische Erfahrung wie mich schon ein spezielles Lob.»

INS ALTER GEKOMMENE RIESEN

Drei Monate später konnte Stadtgärtner Hansruedi Bühler wieder besser schlafen. Drei der 27 noch am Schützengraben stehenden Platanen wurden am 20. April 1990 gefällt. Zwar war die Polizei wieder da, aber niemand protestierte. Ein Gutachten des ETH-Holzforschungsinstituts hatte den Zustand der 130 Jahre alten Bäume als bedenklich bezeichnet. Die nun sichtbar gewordenen Schäden waren beträchtlich, Stadtgärtner Bühler wünschte sich gleich, dass man auch die anderen Platanen fällen dürfe. Doch die «Aktion Aufbäumen» hatte Rekurs ans Verwaltungsgericht eingelegt. Man wollte, laut Anwalt René Brigger, klären, ob ein Fällentscheid nicht grundsätzlich anfechtbar sein müsse. Das Thema zieht Kreise. Im Grossen Rat wird zum Thema Gesundheit der Stadtbäume eine Sondersitzung im Mai anberaumt. Im Juni 1990 stellt die «Aktion Aufbäumen» eine Petition samt Ideenprojekt für die Neugestaltung des Schützengrabens vor, die dem Grossen Rat eingereicht werden soll. Die Grünfläche soll auf Kosten der Fahrbahnen verbreitert und aus der «baumverzierten Stadtautobahn» soll wieder eine «grosszügige Promenade» werden. Der Rechtsstreit geht parallel weiter. Gefordert wird vor allen Instanzen, dass für eine Fällung eine anfechtbare Verfügung erlassen wird.

ZWINGENDE REKURSMÖGLICHKEIT

Ein Jahr später ist der Fall bereits vor dem Bundesgericht, aber noch nicht entschieden. Entschieden aber ist endgültig das Schicksal von 15 Platanen und einer Robinie am Schützengraben. Sie werden am 18. Juni 1991 Stück um Stück abgetragen und umgelegt. Ihr Zustand war erneut von aussenstehenden Experten als bedenklich bezeichnet worden. Elf der Platanen aber durften aufgrund richterlicher Verfügung bis zum endgültigen Entscheid vorerst stehen bleiben. Auch wenn Stadtgärtner Bühler sie lieber alle gleichzeitig ersetzt hätte, unter denen, wie auch sonst im Leben, «die Ältesten am meisten gefährdet» seien.

> Das «Baumurteil» des Bundesgerichtes verlangt seit 1991, dass jeder Fällentscheid mit Rekursmöglichkeit publiziert werden muss.

Heute wird mindestens einmal im Jahr das Resultat des Aufbäumens sichtbar. Immer dann, wenn die Stadtgärtnerei die Fällung von Bäumen auf der Allmend und in den städtischen Parkanlagen publiziert. Seit 1993 tut sie dies, nach Geheiss des Bundesgerichts, das in seinem Baumurteil 1991 dann doch die Basler Regierung korrigiert und festgehalten hatte, dass ein Fällentscheid mit der Möglichkeit eines Rekurses publiziert werden muss.

Die Menschen hängen halt an den Bäumen. Auch ohne Ketten. Davon zeugen die zahlreichen Patenschaften, die Private für einen Baum und seine Rabatte übernommen haben. Die Pflicht zum Aushang der Fällurteile mag indirekt dazu führen, dass der eine oder andere Baum dann doch noch länger am Leben bleiben darf. Sie schützt aber sicher besser davor, erst dann vom Urteil über einen altvertrauten stämmigen Nachbarn zu erfahren, wenn es schon vollstreckt ist.

DAS SCHÖNE LEHRSTÜCK

Bernhard Batschelet freut sich immer, wenn er an der Kreuzung des Cityrings mit der Schützenmatt-

Und drei Bäume
stehen noch immer:
die Platanen im
Schützengraben,
denen es nicht allen
gleich gut ging …

strasse vorbei kommt: «Diese beiden ältesten Platanen, beide noch von der ursprünglichen Pflanzung
her, stehen heute noch. Auch 20 Jahre Verkehr und
alle Stürme haben sie nicht umgeworfen.» Batschelet nennt sie mit gutem Grund «meine Platanen».
Denn die alten Riesen waren schon damals am
schwierigsten zu erklettern. Die Aufgabe wurde darum dem einzigen Bergsteiger in der Gruppe zu-
geteilt – Bernhard Batschelet.

«Ein schönes Lehrstück» sei das Ganze, sagt im
Rückblick auch Anwalt und Mitakteur René Brigger.
Der Kanton hatte nach der Baumbesetzung die Aktivisten strafrechtlich belangen wollen. Straftatbe-
stand war die «Hinderung einer Amtshandlung» (Art.
286 StGB). Doch wegen des hängigen verwaltungs-
rechtlichen Verfahrens hatte das Basler Strafgericht
die Verhandlung vorerst mal ausgesetzt. «Nachdem
dann das Bundesgericht die Verwaltung klar in den
Senkel gestellt hatte», berichtet Brigger, «wurde das
Strafverfahren auf Kosten des Kantons eingestellt.»
Höchstrichterlich war bestätigt, dass «eine wider-
rechtliche Amtshandlung ohne Straffolgen behindert
oder verhindert werden kann. Wir hätten sonst heute
einen vorbestraften Regierungspräsidenten».

Juristisch interessant sei aber auch, dass «alle kantonalen Instanzen und alle hiesigen Juristen unserer
Sache keinerlei Chancen gaben. Das Bundesgericht
aber hat dann die Sache auf wenigen Seiten anders
gesehen.»

Martin Hicklin

BASEL-STADT SCHÜTZT NATUR, LANDSCHAFT UND BÄUME

Natur- und Landschaftsschutz ist ein fest verankertes Anliegen der Basler Bevölkerung und seit 1995 im «Gesetz über den Natur- und Landschaftsschutz» verbindlich geregelt.

Das Interesse an der für Basel typischen Natur wurde zu Beginn des 20. Jahrhunderts massgeblich von den alten, naturwissenschaftlich interessierten Basler Familien geweckt. Deren Engagement für den Natur- und Landschaftsschutz in der Schweiz muss heute als Pionierleistung gewertet werden.

1909 wurde der Schweizerische Bund für Naturschutz (SBN) als «Ein-Franken-Verein» zur Finanzierung des Nationalparks auf Vorschlag von Fritz Sarasin (1859–1942) in Basel gegründet. Mit einem jährlichen Beitrag von einem Franken oder einem einmaligen Beitrag von 20 Franken konnte damals jedermann Mitglied werden. Der SBN wurde als «Genossenschaft zu einem idealen Zweck» mit Sitz in Basel in das Handelsregister eingetragen. Das Präsidium des Bundes übernahm Paul Sarasin (1856–1929).

ÄLTESTES NATURSCHUTZGEBIET DER SCHWEIZ

In diesem Zusammenhang ist auch die Rheinhalde zu erwähnen. Das Naturschutzgebiet Rheinhalde ist ein im Osten der Stadt Basel gelegener Uferhang auf der rechten (Kleinbasler) Seite des Hochrheins, dem Birskopf auf der linken Rheinseite gegenüberliegend. Das Schutzgebiet erstreckt sich auf einem schmalen, lang gezogenen Streifen an der südlichen Grenze des Quartiers Hirzbrunnen zwischen der Schwarzwaldbrücke (Eisenbahnbrücke) und der Landesgrenze Schweiz–Deutschland, kurz

nach dem Wasserkraftwerk Birsfelden. Seine Länge beträgt etwa 1,6 Kilometer, die horizontal gemessene Breite 10 bis 20 (maximal 50) Meter. Der Streifen wird landseitig begrenzt durch die oberhalb des Hangs uferparallel verlaufende Grenzacherstrasse, die über den unmittelbar benachbarten Grenzübergang «Hörnli» ins deutsche Grenzach-Wyhlen führt. Das Gebiet wurde am 12. Februar 1913 vom Regierungsrat des Kantons Basel-Stadt aufgrund des Vorkommens einer thermophilen (wärmeliebenden) Flora und Fauna offiziell unter Schutz gestellt. Es ist damit das älteste amtliche Naturschutzgebiet der Schweiz.

Alte, naturwissenschaftlich interessierte Basler Familien haben sich schon am Anfang des 20. Jahrhunderts für den Natur- und Landschaftsschutz in der Schweiz eingesetzt.

LANGE GERINGE BEDEUTUNG

Damit war ein wichtiger Grundstein für die Bemühung um den Natur- und Landschaftsschutz in Basel gelegt. Das rasche Siedlungswachstum machte in den 1950er-Jahren eine Grünflächenplanung erforderlich und führte in diesem Zeitraum zur Bildung mehrerer einschlägiger Organisationen zum Schutz

Das älteste amtliche Naturschutzgebiet der Schweiz: die Rheinhalde (hier aktuell fotografiert abderKraftwerksbrücke) wurde schon 1913 unter Schutz gestellt.

Städtische Natur und ihr geregelter Schutz: im «Modellschiffweiher» in den Langen Erlen (ganz oben) oder im Magnolienpark an der Gellertstrasse (links). Die Mauereidechse (oben) und mächtige Städtbäume (rechts) danken es.

der Natur und der Freiräume. Am 15. September 1955 wurde der Basler Naturschutz (heute Pro Natura Basel) gegründet. 1957 trat der Basler Naturschutz als Sektion Basel-Stadt dem (damaligen) Schweizerischen Bund für Naturschutz bei.

Trotzdem hatten Naturschutzanliegen in Basel-Stadt in den letzten Jahrzehnten und bis vor wenigen Jahren einen schweren Stand. Namentlich ist der Vollzug der Aufgaben, die im Eidgenössischen Natur- und Heimatschutzgesetz und seiner Verordnung seit 1966 den Kantonen übertragen wird, in Basel-Stadt nur zögerlich wahrgenommen worden.

1985 wurde der Basler Naturatlas als Geschenk des Basler Naturschutzes der Öffentlichkeit vorgelegt. Darin sind auf dem damaligen Stand wertvolle und schützenswerte Naturobjekte bezeichnet. Viele Daten im ersten umfassenden «Naturschutzinventar» sind aber heute veraltet und überholt. Die kantonale

Fachstelle für Natur- und Landschaftsschutz ist der Stadtgärtnerei beim Bau- und Verkehrsdepartements zugeordnet. Sie ist für den Vollzug der kantonalen Naturschutzaufgaben verantwortlich und besteht seit dem 1. November 1992.

RECHTLICHE GRUNDLAGEN

Der Grosse Rat verabschiedete am 27. Januar 1995 im Sinne eines Gegenvorschlages zu einem Initiativbegehren für einen wirksamen Naturschutz das «Gesetz über den Natur- und Landschaftsschutz». Am 29. Mai 1996 verabschiedete der Regierungsrat ein Naturschutzkonzept und brachte es dem Grossen Rat zur Kenntnis. Dieses erlaubt erstmals eine Formulierung der kurz- und mittelfristigen Zielsetzungen im kantonalen Naturschutz. Die Effizienz der künftigen Naturschutzbestrebungen soll dadurch gefördert werden.

Stadtbäume finden im städtischen Gebiet in der Regel einen bedrängten Lebensraum vor. Sie müssen vor mechanischen Schäden, Tausalz, Trockenheit, Sonnenbrand, Hunde-Urin und anderen schädlichen Einflüssen geschützt werden.

Bäume können – gerade in Wohnzonen – den Charakter und damit auch die Lebensqualität innerhalb eines Quartiers massgeblich beeinflussen.

Im September 1998 verabschiedet der Regierungsrat die Verordnung über den Natur- und Landschaftsschutz. Darin werden auch die Aufgaben der beratenden Natur- und Landschaftsschutzkommission geregelt und das Bau- und Verkehrsdepartement mit der Ausarbeitung des Inventars der schutzwürdigen Naturobjekte beauftragt. Im Oktober 2011 erschien das Kantonale Naturinventar und löst damit den seit 1985 von den Naturschutzorganisationen verfassten Naturatlas ab.

EIN BAUMGESETZ FÜR BASEL

Unabhängig von der Gesetzgebung für den Natur- und Landschaftsschutz hat sich in Basel der Baumschutz entwickelt. Vor dem Hintergrund einer öffentlichen Debatte über die schädigende Wirkung des sauren Regens auf die Wälder und die Stadtbäume, die unbedarfte Abholzung stattlicher Bäume in der Stadt aus Gründen des Städtebaus aber auch Bestrebungen, dem wachsenden motorisierten Individualverkehr mit Stadtautobahnen und Viadukten zu begegnen, führte 1980 schliesslich zur Überzeu-

gung im Grossen Rat, für Basel-Stadt ein Baumgesetz zu beschliessen. Dieses hatte zum Ziel, dass der Baumbestand des Kantons Basel-Stadt im Interesse der Qualität des Lebensraumes, insbesondere der Wohnlichkeit, zu erhalten und möglichst zu vermehren sei.

Der Baumschutz ist heute in weiten Teilen der Bevölkerung wie selbstverständlich verankert und unumstritten.

Diese Aufgabe wurde einer Fachstelle mit einem Baumsachverständigen bei der Stadtgärtnerei übertragen. Obgleich das Baumgesetz, vormals Baumschutzgesetz, wiederholt zu Diskussionen über eine zu weit reichende Regulierung seitens des Kantons Anlass gab, ist der Baumschutz heute in weiten Teilen der Bevölkerung wie selbstverständlich verankert und weitgehend unbestritten.

Emanuel Trueb

KIRCHEN, BAUAMT, SANITÄTSDEPARTEMENT UND STADTGÄRTNEREI

Die Zuständigkeit für die Friedhöfe und Bestattungen in Basel hat sich im Lauf der Jahre immer wieder geändert. Seit 1994 kümmert sich die Stadtgärtnerei umfassend um die früheren Aufgaben des Friedhofamtes.

Als im Frühjahr 1994 der Regierungsrat auf Antrag des damaligen Baudirektors Dr. Christoph Stutz gegen den Willen der Sanitätsdirektorin Veronika Schaller den Wechsel des Friedhofamts vom Sanitätsdepartement zum Baudepartement beschloss und mit der Stadtgärtnerei zusammenlegte, hat der Regierungsrat bewusst eine seit der Mitte des 19. Jahrhunderts gelebte Praxis aufgegeben. Bis zu diesem Zeitpunkt ist für das Friedhof- und Bestattungswesen von staatlicher Seite immer das Sanitätsdepartement verantwortlich gewesen. Zuvor aber, nachdem 1804 aus hygienischen Gründen ein Bestattungsreglement eingeführt werden musste, welches die Grösse und Tiefe der Gräber und auch den Bestattungsturnus regelte, war das Bauamt für die Oberaufsicht der Gottesäcker zuständig gewesen.

Ausschlaggebend für den Entscheid von 1994 war der Wille des damaligen Regierungsrates, durch Zusammenlegung zweier Dienststellen, die im Bereich Grünflächenverwaltung ähnliche Aufgaben haben, Synergien zu nutzen und einen Effizienzgewinn zu ermöglichen. Zu jener Zeit musste die Leitung der Stadtgärtnerei durch den altersbedingten Austritt aus dem Staatsdienst des damaligen Stelleninhabers Hansrudolf Bühler neu besetzt werden. Die Vorabklärungen zur Verwaltungsreform hatten ausserdem im Jahr 1985 zu diesem Schritt geraten.

Das Bestattungs- und Friedhofwesen war in Basel über viele Jahrhunderte eng mit den Kirchgemeinden und den Bestattungsplätzen in unmittelbarer Nähe zu den Kirchen (in deren umfriedeten Höfen, deshalb der Begriff Friedhof) und Klöstern verbunden. 1817 war der Elisabethengottesacker der Münstergemeinde in Betrieb genommen worden. 1825 wurde der Spalengottesacker als erster Friedhof der neueren

> Als das Friedhofamt 1994 vom Sanitätsdepartement zur Stadtgärtnerei überging, wurde eine seit Mitte des 19. Jahrhunderts gelebte Praxis aufgegeben.

Zeit vor die Stadtmauern verlegt (im 13. und 14. Jahrhundert wurde die jüdische Bevölkerung bereits in jenem Gebiet beigesetzt). Er diente der Leonhardsgemeinde als Begräbnisstätte. 1832 schliesslich wurde der Theodorsgottesacker mit der Friedhofskapelle von Melchior Berri (Rosentalanlage) für die Kleinbasler Bevölkerung eingerichtet. Mit dem stetigen Ansteigen der Bevölkerungszahl und den prekären Platzverhältnissen in den Kirchhöfen wurde ab 1880 Bestattungen in und um die Kirchen herum endgültig verboten.

Wenige Jahre später waren die genannten Bestattungsplätze bereits wieder voll belegt und es mussten zusätzliche Friedhöfe eingerichtet werden. Im

Seit 1994 kümmert sich die Stadtgärtnerei um die Friedhofanlagen und das Bestattungswesen im Kanton Basel-Stadt.

Alle Aufgaben im
Bestattungwesen, nicht
nur die gärtnerischen,
werden heute von
der Stadtgärtnerei
wahrgenommen.

Kleinbasel wurde der Horburg-Gottesacker mit dem ersten Krematorium in der Schweiz gebaut, in Basel-Ost der Wolfgottesacker und schliesslich in Basel-West der Kannenfeldgottesacker. Da diese Bestattungsplätze immer weniger einen eindeutigen Bezug zu einer der zahlreichen Kirchgemeinden hatten, entwickelte sich das Friedhof- und Bestattungswesen schliesslich zu einer staatlichen Aufgabe. Das Horburgkreamatorium wurde jedoch weiterhin von einer privaten Körperschaft betrieben. Mit dem ausserordentlichen Entwicklungsschritt, den die Stadt Basel im 19. Jahrhundert vollzog, stieg die Bevölkerungszahl unaufhörlich – die Platzverhältnisse auf den genannten drei Stadtteilfriedhöfen waren erneut zu eng geworden.

Die Betriebsaufnahme des Hörnli, des noch heute grössten Friedhofs der Schweiz, erforderte 1932 eine professionelle Betriebs- und Verwaltungsorganisation.

1919 entschied sich der Grosse Rat für den Bau eines neuen Zentralfriedhofes im Gebiet «Ausserberg» in Riehen, dem heutigen «Friedhof am Hörnli», der 1932 eröffnet wurde.

Die Betriebsaufnahme des noch heute grössten Friedhofs der Schweiz erforderte eine professionelle Betriebs- und Verwaltungsorganisation. Diese wurde dem zu diesem Zweck gebildeten Friedhofamt übertragen. Diese Dienststelle war dem Sanitätsdepartement angegliedert. Sie war in zahlreichen Teilbetrieben organisiert. Die Friedhofverwaltung bestand aus einer Geschäftsleitung mit dem Friedhofdirektor, seinem für die Finanzen zuständigen Adjunkten und einem Sekretariat. Der Adjunkt beschäftigte für die Buchhaltung mehrere Mitarbeiter. Für die Pflege der Gräber übertrugen die Angehörigen dem Friedhofamt langfristige Grabpflegeaufträge und leisteten dafür Vorauszahlungen. Mit den Jahren verfügte des Friedhofamt über Vorauszahlungen im Umfang von mehreren Hunderttausend Franken, welche stets selbstständig angelegt und bewirtschaftet wurden. Eine weitere Stelle verwaltete die Familiengräber und das für die damalige Zeit noch ganz neue «Grab der Einsamen» (heute Gemein-

schaftsgrab). Der Bestattungsbetrieb wurde von einer Abteilung im «Leichenhaus» sichergestellt. Sie kümmerte sich um die Abdankungsfeiern und den dafür angelieferten Blumenschmuck, die Aufbahrung der Verstorbenen und schliesslich für die Übergabe der eingesargten Leichen zur Kremation an das eigens dafür eingerichtete Krematorium. Dieses war anstelle des Horburgkrematoriums gebaut worden und wurde mit Gas betrieben. Es bestand aus drei Ofenlinien und war mit einer modernen Sargeinfuhrmaschine ausgestattet.

Auf den Grabfeldern waren die Grabmacher für die Graböffnungen und die Beisetzungen der Särge zuständig. Anfänglich erfolgte das noch von Hand, ab 1950 verfügte der Friedhof über einen eigenen Bagger. Für die Instandhaltung aller Geräte und Maschinen war auch eine Gruppe Handwerker nötig. Es gab eine Schreinerei, eine Schlosserei, mechanische Werkstätten und einen Garagebetrieb.

Da nun der Staat alleine für des Bestattungswesen zuständig war, war es öffentliche Aufgabe, die Abdankungsfeiern zu gestalten. Zu diesem Zweck wurden alle Andachtsräume mit Orgeln versehen und Organisten in Dienst genommen. Die wachsende Nachfrage nach Feuerbestattungen anstelle von Erdbestattungen machte schon bald auch die Unterscheidung von Erdbestattungs- und Urnenbestattungsgräbern notwendig. In diesem Sinne wurde die gesamte Friedhofanlage entsprechend gegliedert und aufgeteilt. Zur Pflege der nahezu 50 Hektaren grossen Anlage gab es eine Friedhofgärtnerei. Diese bestand aus mehreren Gärtnergruppen, welche sich um die Pflege der Anlage und der Gräber kümmerten. Topfpflanzen- und Schnittblumengärtner produzierten die nötigten Pflanzen für die Gräber und für die Dekoration der Aufbahrungs- und Abdankungsräume. Ein eigens dafür eingerichtetes Gärtereibüro offerierte den Angehörigen Grabgestaltungsangebote und Pflegeangebote. Am selben Ort gab es einen Blumenladen, wo die Angehörigen Grabschmuck für ihre Gräber besorgen konnten.

Dem Friedhofamt Basel-Stadt war auch die Aufsicht über die übrigen Friedhöfe auf dem Gebiet des Kantons Basel-Stadt übertragen. Dazu gehörten der Jüdische Friedhof an der Theodor Herzel-Strasse, der Wolfgottesacker und die Friedhöfe der Gemeinden Riehen und Bettingen. Diese Friedhöfe wurden in der Regel von den Gemeinden selbstständig betrieben. Der Betrieb des Jüdischen Friedhofs wurde im Auftragsverhältnis von Privaten betrieben, so auch

der Wolfgottesacker. Erst in den 1970er-Jahren übernahm das Friedhofamt den gesamten Betrieb im Wolfgottesacker und richtete diesen ausschliesslich für Familiengrabstätten ein.

1968 wurde die Erweiterung der Friedhofanlage am Hörnli mit der Abteilung 12 «Im finstern Boden» vorgenommen. Diese Abteilung diente ausschliesslich der Beisetzung von Urnen. Die Nachfrage nach Feuerbestattungen stieg unaufhörlich. Das Verhältnis zu den Erdbestattungen war zwischenzeitlich auf etwa 70 Prozent gestiegen. Nach zweijähriger Bauzeit konnte 1986 ein neues Krematorium auf dem Friedhof am Hörnli in Betrieb genommen werden. Es wurde auch mit Gas betrieben, war jedoch neu mit einer Rauchgasreinigungsanlage versehen, welche wesentlich zur Reduktion der von weither sichtbaren Rauchemissionen beitrug.

Bei der Zusammenlegung des Friedhofamtes mit der Stadtgärtnerei wurden 1994 nahezu alle Betriebsteile auf dem Friedhof am Hörnli aufgehoben. Die Friedhofverwaltung und der Bestattungsbetrieb wurde in eine Abteilung Bestattungswesen umgewandelt und die Friedhofgärtnerei wurde zu einem selbstständigen Unterhaltskreis in der Abteilung Grünflächenunterhalt bei der Stadtgärtnerei. 2010 wurde die Abteilung Bestattungswesen um das Bestattungsbüro (heute Todesfälle und Bestattungen, TuB) ergänzt. Dieses gehörte dem Zivilstandsamt an. Damit werden heute alle friedhofrelevanten Prozesse von einer Dienststelle wahrgenommen.   Emanuel Trueb

Der letzte Gang.
Am Friedhof Hörnli
finden die Verstorbenen
Basels ihre würdige
Ruhe.

LANDHOF: RENNBAHN, FUSSBALLSTADION, GRÜNZONE

Auf dem Basler Landhof holte sich der FC Basel 1953 den ersten Meistertitel.
Doch das ist nur ein kleiner Teil in der Geschichte dieses legendären Ortes.

Die Geschichte des Basler Landhofs beginnt mit einer eher unsportlichen Episode. In der zweiten Hälfte des 18. Jahrhunderts gehörte der Landhof als «artiges Sommerhaus mit schönem Gut» dem Basler Stadtschreiber Andreas Merian-Iselin (1742–1811). Sein Amt legt er 1798 nieder, als die Anhänger der Französischen Revolution und demokratischer Reformen in Basel die Überhand gewinnen und er sich als prominentester Gegner der neuen Helvetik in Szene setzt. Zweimal muss Merian-Iselin wegen seiner politischen Ansichten sogar die Stadt verlassen, im April 1799 wird er, ein Mann konservativer Prägung, verhaftet und ein Jahr lang in eine Zitadelle in Bitsch in Lothringen gesteckt. Erst im März 1803 kehrt Merian-Iselin wieder auf den Landhof zurück und wird schon einen Monat später zum zweiten Basler Bürgermeister gewählt. Drei Jahre später übernimmt er das höchste Amt der Eidgenossenschaft und wird für ein Jahr Landammann.

Viele Jahrzehnte später beginnt die Nutzung der Gutsmatte beim Landhof als Sportstätte. Die Enkelinnen von Andreas Merian-Iselin verkaufen das Herrschaftsgut an die Witwe Katharina Ehrler-Wittich – und sie erweist sich als Glücksfall für den FC Basel. Es gibt dieses bildliche Zeitdokument vom ersten Fussballtraining von Männern, die einige Tage zuvor, exakt am 15. November 1893, in der Schuhmachern-Zunft den Football-Club Basel gegründet haben. Am 26. November 1893 bestreiten die Sportler, die sich unter dem 23-jährigen Präsidenten Roland Geldner

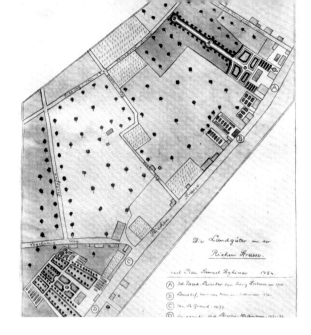

organisiert haben, ihr erstes, internes Trainingsspiel auf dem Landhof. Geldner hatte dem Verein zu seinem Einstand nebst zwei Bällen auch die mit der damaligen Grundeigentümerin Katharina Ehrler abgesprochene Benutzung der Gutsmatte als Fussball-Übungsplatz ermöglicht. Die grosszügige Frau wurde vom FC Basel schon bald mit der Ehrenmitgliedschaft bis zu ihrem Lebensende 1925 belohnt. Die Infrastruktur war sehr simpel. Es stand auch einmal ein junger Baum oder ein Strauch auf dem Weg zum Fussballtor. Erst mit den «Jenaer Regeln» von 1896 wurden pflanzliche Hindernissse auf den Fussballplätzen untersagt.

DAS «VÉLODROME DE BÂLE»

Zu diesem Zeitpunkt war der Landhof als Fussballwiese aber bereits Konkurrenz ausgesetzt. Auf dem Landhof wurde das «Vélodrome de Bâle» gebaut, der FC Basel spielte teilweise im Innenraum der Bahn (in den Chroniken sind zwischen Dezember 1893 und Mai 1895 elf Spiele verbürgt), wich aber auch immer wieder auf die Schützenmatte aus. Anfänglich war die Radrennbahn ein grosses Spektakel, sogar Buffalo Bill ist hier mit seinen Mustangs gegen Radrennfahrer angetreten. Sieger eines der Eröffnungsrennen auf der Radrennbahn war 1895

übrigens ein gewisser Hans Gamper, der als vielseitiges Bewegungstalent auch beim jungen FC Basel kickte und später in Katalonien den weltberühmten FC Barcelona gründete. Gamper gewann auf der vom vielen Regen glitschigen Rennbahn vor allem deshalb, weil er den Parcours, der mit 50 Zentimeter hohen Hindernissen bestückt war, nicht mit dem Velo, sondern zu Fuss absolvierte … 1901 war es um die Basler Radrennbahn schon wieder geschehen. Die Rennbahngesellschaft ging pleite, die Bahn wurde abgebrochen, doch der FC Basel wurde nun durch eine Zement-Kegelbahn behindert, die mitten auf dem Platz angelegt worden war. Nach Gastspielen auf diversen Plätzen Basels ist Katharina Ehrler-Wittich wieder massgeblich für die Rückkehr des FCB auf den Landhof verantwortlich. Die Fussballer reissen die Bahn ab, dürfen dafür den Landhof künftig unentgeltlich nutzen. Als Garderobe dient das Gartenhaus von Frau Ehrler …

Die Landhofwiese blieb trotzdem eine vielseitig genutzte – es gab in den folgenden Jahren Zirkusauftritte, eine christliche Missionarsversammlung und 1916 sogar «Olympische Spiele» mit 130 Schweizer Leichtathleten. Der FC Basel sorgte 1908 als Organisator für einen geschichtsträchtigen Höhepunkt. Deutschland reiste für sein erstes Länderspiel überhaupt nach Basel – und weil sich der FCB auf Wunsch des Schweizerischen Fussballverbandes bereit erklärte, für 4000 Franken eine Holztribüne mit 200 Sitzplätzen zu errichten, durfte er am 5. April 1908 das Spiel der Schweizer Auswahl veranstalten. 4000 Zuschauer, die zwischen einem und drei Franken Eintritt bezahlt hatten, erfreuten sich am 5:3-Sieg der Schweizer Auswahl. Ein gewisser Dr. Siegfried Pfeiffer erzielte als Captain genauso wie sein Nebenmann im Angriff, Hans Kämpfer, zwei der fünf Schweizer Tore. Fussballer mit Doktortitel waren in den Pionierjahren keine Seltenheit, auch im Schweizer Tor stand mit Ivan Dreyfuss ein Akademiker. Frauen waren übrigens mit einer Tafel offerierter Schokolade ans Spiel gelockt worden. Es war die wohl erste Marketingaktion im nationalen Fussball – und der Landhof bildete als erstes Nationalstadion der Schweiz einen würdigen Rahmen.

PREMIERE UND BANKETT

Die Rasenpflege stand damals noch nicht so sehr im Mittelpunkt der fussballerischen Infrastrukturanforderungen. An jenem 5. April 1908 regnete und hagelte es in Basel, der Platz war ziemlich tief, als um

15 Uhr 10 angepfiffen wurde. Schiedsrichter war Mister Devitte, ein Engländer aus Genf, der im dunklen Anzug mit steifem Hut seines Amtes waltete. Die elf nominierten deutschen Spieler, die ihr Team vor allem nach regionalen Gesichtspunkten zusammenstellten, lernten sich, wenn überhaupt, erst während der Bahnfahrt nach Basel kennen. Bei der Spielbesprechung ging es weniger um taktische Finessen als vielmehr darum, in welchem Dresscode man zum anschliessenden Bankett im Hotel Metropol zu erscheinen habe. Der eine oder andere musste sich den vorgeschriebenen Smoking noch ausleihen.

> Der Landhof war schon vieles: Gutsmatte, Radrennbahn, Kegelzentrum, Zirkuswiese und «Olympiaort» – vor allem aber eine legendäre Fussballarena.

Sechs Länderspiele der Schweizer Nationalmannschaft fanden bis 1920 auf dem Landhof statt, eines davon, am 20. Mai 1909, blieb in schmerzlicher Erinnerung. Die Engländer brachten den besten Fussballer seiner Zeit, Vivian Woodward, mit nach Basel – und der steuerte gleich vier der insgesamt neun Treffer zum deutlichen Sieg Englands bei. Das 0:9 ist bis heute die höchste Niederlage in der Geschichte der Schweizer Fussball-Nationalmannschaft. Der Landhof blieb für die Schweizer Kicker ein schwieriger Spielort. Erst beim letzten Länderspiel, 1920 gegen Holland, gelang beim 2:1 der zweite Sieg. 1913 kam es beim 1:2 gegen Belgien zu bösen Szenen. Der Schiedsrichter hatte ein Traumtor der Schweizer aus unerfindlichen Gründen aberkannt, das Publikum tobte. Es drohte gar ein Spielabbruch und die Stadtverwaltung liess tags darauf wissen, dass «es die ganze Kraft unserer Behörden und der Polizei erforderte, um einen Tumult zu verhindern». Es gab also damals schon emotionale Auswüchse rund um den Fussball.

1913 feierte der FC Basel seinen ersten Titelgewinn. Der englische Trainer Percy Humphreys (in Basel «Heufritz» genannt) systematisierte das Training und nahm dafür 315 Franken Monatslohn. Doch seine Methoden brachten Erfolg, der FC Basel gewann dank eines 5:0-Sieges gegen den FC Weissenbühl am 30. Juni 1913 den Anglo-Cup, den Vorläufer des

Zwischen 1895 und 1901 wurde auf dem Landhof eine Radrennbahn betrieben.

Deutschland (Bild links), das sein erstes Länderspiel überhaupt austrug, war am 5. April 1908 Gast bei der Länderspielpremiere auf dem Landhof gegen die «elf besten Spieler der Schweiz».

späteren Schweizer Cups. Ein grosses Spektakel war der Besuch des Club Nacional Montevideo am 7. Juni 1925. Die Spieler waren identisch mit jenem Team Uruguays, das 1924 in Paris das olympische Fussballturnier, damals die eigentliche Weltmeisterschaft, gewonnen hatte – notabene mit einem Finalsieg gegen die Schweiz. Nun kamen die Südamerikaner, die als bestes Fussballteam jener Zeit galten,

> 12 500 Zuschauer waren auf dem Landhof und seiner neuen Tribüne, als Walter Bannwart das entscheidende Tor zum ersten Meistertitel 1953 des FC Basel erzielte.

zu einem Freundschaftsspiel nach Basel, um gegen eine hiesige Städteauswahl anzutreten. Erstmals gab es mit 12 000 Zuschauern eine fünfstellige Besucherzahl, der Matchball wurde aus einem knapp über den Landhof ratternden Flugzeug abgeworfen. Die Basler verloren mit 2:5.

Der FC Basel bleibt in den folgenden Jahrzehnten dem Landhof treu, und die Stadt entdeckt ihre Liebe zum Fussballsport. Immer mehr Zuschauer drängen zu den Spielen – und irgendwann genügt die Infrastruktur des einst modernsten Fussballstadions der Schweiz nicht mehr. Von 1949 bis 1951 wird der Landhof, so wie er heute noch steht, für 700 000 Franken umgebaut. Zwei Saisons spielte der FC Basel damals auf der Schützenmatte, so wie kurz nach seiner Gründungszeit und später, beim Bau des St. Jakob-Parks 1999 bis 2001, noch einmal.

Vor, während und nach dem damaligen Umbau veränderte auch die Umgebung des Landhofs ihren Charakter. Lange Jahre war das Gebiet nicht dicht überbaut, die Sportwiese lag auf freiem Land. Nun, bei der offiziellen Wiedereröffnung am 18. August 1951, standen schon Mehrfamilienhäuser rund um den Fussballplatz, die heute noch existieren. Die Plätze an den Fenstern und auf den Balkonen waren natürlich sehr beliebt, vor allem in der erfolgreichen Saison 1952/53, als der FC Basel sich aufmachte, seinen ersten Meistertitel der nunmehr 60-jährigen Clubgeschichte zu erobern. 12 500 Zuschauer waren auf dem Landhof und seiner neuen Tribüne, als Walter Bannwart das einzige Tor im entscheidenden Spiel gegen den Servette FC erzielte.

DAS LETZTE TOR

Zuschauerrekord auf dem Landhof war das indes nicht, am 21. November 1951 wurden wenige Monate nach der Eröffnung in der NLA-Meisterschaft gegen die Grasshoppers 17 982 Besucher gezählt. Der Landhof blieb jedoch nicht mehr lange die Heimspielstätte des FC Basel. Mehr und mehr wich er aufgrund des hohen Zuschauerinteresses in das zur WM 1954 eröffnete Fussballstadion St. Jakob aus. Am 16. September 1967 bestreitet der FCB sein letztes Meisterschaftsspiel an seiner Gründungsstätte. Trotz Regen kommen noch einmal 6800 Fans – und Otto Demarmels trifft in der 47. Minute gegen die Young Fellows aus Zürich zum letzten Mal für den FCB auf dem Landhof.

Der Landhof verlor danach als Publikums-Sportanlage seine Bedeutung. Die Stehrampen überwuchsen mit Bäumen, Sträuchern und Brombeerstauden, die altehrwürdige Matchuhr muss heute im dichten Grün gesucht werden. Der FC Basel nutzte den Landhof in späteren Jahren immer mal wieder als Trainingsgelände, als Ort für das Clubsekretariat oder als provisorisches Ausbildungszentrum für seinen Nachwuchs. Die Strafräume wurden zwischenzeitlich mit künstlichem Filzgras belegt, ab und an fanden Meisterschaftsspiele der Junioren, Senioren oder anderer Teams statt.

DIE ZUKUNFT

Die alternative «unseriliga» fand auf dem Landhof ein Zuhause, die «ooink ooink Productions» bietet als «Jugendförderverein oberes Kleinbasel» unter dem Titel «Landhof Kidzz» Spielnachmittage und verschiedenste Aktivitäten für Kinder an. Dazu versammeln sich regelmässig Fussballromantiker. Sie waren massgeblich daran beteiligt, dass ein seit 2003 vorbereiteter Umnutzungsplan mit einer Teilüberbauung des Landhof-Geländes bei einer Volksabstimmung am 7. März 2010 scheiterte. 2012 wurde ein Projektwettbewerb lanciert, bei dem Ideen einer künftigen Nutzung entwickelt werden sollen. «Der Landhof bleibt grün», hiess die Parole bei der Abstimmung 2010, zu der auch eine 2011 lancierte Zwischennutzung unter dem Titel «Urban Gardening» passt (vgl. entsprechendes Kapitel in diesem Buch). Und so schliesst sich der Kreis zu jenen Jahren ab 1893, als der Fussball in Basel seine ersten Gehversuche machte – zwischen Sträuchern und Bäumen.

Daniel Schaub

Der Landhof heute: Noch immer ein Fussballplatz, doch mehr und mehr auch (wieder) eine Grünzone.

Die erste Zuschauertribüne auf dem Landhof war Bedingung zur Ausrichtung des Länderspiels gegen Deutschland. Die Zuschauerinnen erhielten eine Gratis-Schokolade.

Erstes Fussballtraining des eben gegründeten FC Basel auf der Landhofwiese im Jahr 1893.

DIE STADTGÄRTNEREI JUBILIERT, UND GANZ BASEL FEIERT MIT

2011 feierte die Stadtgärtnerei Basel ihr Jubiläum zum 150-jährigen Bestehen. Die Festivitäten zeigten in einem bunten Strauss namens «150 Jahre grün» die Vielfältigkeit des Schaffens.

Irgendwann, zwei bis drei Jahre vor dem eigentlichen Datum, realisiert man, dass ein Jubiläum ansteht, dass dieses Jubiläum besonders ist und entsprechende Aufmerksamkeit verdient. Ideen entstehen, werden verworfen, machen sich in den Köpfen breit. Erste Treffen innerhalb der Stadtgärtnerei sollten Geistesblitze bündeln. Um die Erwartungen von aussen kennenzulernen, wurde der Kreis erweitert. Mittels Brainstorming kamen noch etliche Ideen dazu, einer Blumenwiese gleich. Nun galt es, daraus einen Strauss zu pflücken, zu streichen und in einen logischen Ablauf zu bringen, damit das Jubiläumsprogramm an Stringenz gewinnt.

«Ein Event, eine Botschaft». Die Botschaft war schnell klar: «150 Jahre grün». Noch einiges Zögern bezüglich des Wortes «grün». Könnten diese vier Buchstaben politisch verstanden werden? Die Zweifel verflogen schliesslich, ist es doch das Grün, das die Stadtgärtnerei seit 150 Jahren beschäftigt. Ein Maskottchen sollte den Slogan noch untermauern. Die Vorschlagspalette reichte vom Schmetterling, über die Geburtstagstorte bis zu schwungvollen grafischen Elementen. Am meisten überzeugte jedoch ein «Heugumper». Dieser liess sich zudem animieren – klatschend, einladend oder fragend tauchte er in verschiedenen Medien immer wieder auf und begleitete so die Stadtgärtnerei durchs Jubiläumsjahr. Doch warum ausgerechnet ein «Heugumper»? Die Stadtgärtnerei wollte mit diesem sympathischen Maskottchen zeigen, was die Stadt Basel und damit

ihre Grünanlagen so einzigartig macht. Der «Heugumper» steht stellvertretend für alle wärme- und trockenheitsliebenden Pflanzen und Tierarten, die Basel beherbergt. Viele von ihnen sind gesamtschweizerisch sehr selten geworden, in Basel aber fühlen sie sich wohl. So auch etliche Heuschreckenarten – oder auf Baseldeutsch eben Heugumper. So beispielsweise die Blauflügelige Sandschrecke (Oedipoda caerulescens), der Verkannte Grashüpfer (Chortipus mollis) oder die Italienische Schönschrecke (Callicamptus italicus).

Klatschend, einladend oder fragend begleitete der «Heugumper» die Stadtgärtnerei durchs Jubiläumsjahr.

Nun galt es, ein Programm auf die Beine zu stellen, das vielerlei Anforderungen und noch mehr Erwartungen erfüllen musste. Ganz unterschiedliche Menschengruppen profitieren von den Leistungen der Stadtgärtnerei. Sie alle sollten berücksichtigt werden, allen wollte sie im Jubiläumsjahr etwas Spezielles bieten. So wollte sie Naturliebhaber, Kinder, Sportbegeisterte, Partygänger, Kompostierer und Ruhesuchende gleichermassen «bedienen», aber auch Politisierende sowie das Bau- und Verkehrsdepartement als Dienststelle. Eine ganz wichtige Zielgruppe waren die eigenen Mitarbeitenden. Sie

Rechtzeitig zum Jubiläum der Stadtgärtnerei wurde 2011 der erste Teil des Erlenmattparks eröffnet. Ein grosses Volksfest mit viel Bewegung.

Kindernachmittage und
Mach-mit-Tage gehörten
zum Jubiläumsprogramm
der Stadtgärtnerei im
Jahr 2011.

haben über all die Jahre zur heutigen Stadtgärtnerei am meisten beigetragen, sie geformt und geprägt. Ihnen gebührte ein besonderer Dank.

Das Jubiläumsprogramm berücksichtigte schliesslich alle: So startete es mit einem festlichen Neujahrsanlass für die Mitarbeitenden. Dies war auch die Gelegenheit, allen eine Neuauflage eines Porträtbuches zu überreichen. Vor rund zehn Jahren produzierte die Stadtgärtnerei ein Buch mit den Porträts seiner Mitarbeitenden. Das Jubiläumsjahr war die Gelegenheit, die Ausgabe zu aktualisieren. Beeindruckend, wie viele Mitarbeitende noch immer dabei sind. Die Mitarbeitenden des Bau- und Verkehrsdepartements profitierten von einem Frühlingsblumenmarkt und konnten sich am Münsterplatz 11 mit Blumen und Kräutern eindecken. Im April dann wurde die Basler Bevölkerung erstmals offiziell einbezogen. Die Stadtgärtnerei übergab ihr feierlich den Erlenmattpark – zuerst mit einem Anlass für geladene Gäste, am Folgetag mit einem Volksfest. Weiter standen unter anderem – über das Jahr verteilt – ein Tag der offenen Türen, Führungen zur Stadtnatur, ein Messeauftritt an der «Natur», Konzerte verschiedenster Musikrichtungen, ein Mach-mit-Tag für Hobbygärtner, Kindernachmittage und ein Rosenmarkt auf dem Programm.

So facettenreich wie das Programm war, so beschränkt waren die finanziellen Mittel. Nur der unermüdliche Einsatz der Mitarbeitenden ermöglichte die Durchführung des Programms. Die finanzielle Lücke füllten Sponsoren, allen voran die UBS als Hauptsponsorin. Co-Sponsoren waren «Schönholzer + Stauffer Landschaftsarchitekten» und «rund ums grün ag». Ihnen sowie etlichen weiteren Nebensponsoren und Gönnern gebührt ein herzlicher Dank. Die Zusammenarbeit mit UBS erwies sich als Glücksfall. Sie begnügte sich nicht mit einem rein monetären Engagement, sondern gestaltete das Jubiläumsjahr aktiv mit. So trat beispielsweise UBS mit der Idee an die Stadtgärtnerei heran, mittels eines Wettbewerbs den schönsten Privatgarten, Hinterhof oder Balkon, eben «die scheenschti Basler Grienoase» zu erküren. Denn öffentliches und privates Grün verleihen Basel seine Ausstrahlung – seit 150 Jahren. _Brigitte Vogel_

BÄUME IN DER STADT: DIE BODENSTÄNDIGEN LEBENSKÜNSTLER

Rund 25 000 Bäume verteilen sich auf das heutige Basel. Die Stadt gilt dadurch als baumreich. Ihre Wurzeln haben die resistenten Bäume in einer Baumschule in Arlesheim.

An der 1,7 Kilometer langen Birsstrasse wurden zur Verbesserung des reduzierten Baumbestands über 170 Eschen gepflanzt; die renaturierte Flusslandschaft an der Birs vor St. Jakob ist damit ein weiteres Mal aufgewertet. An der Entenweidstrasse im St. Johann setzte die Stadtgärtnerei 89 junge Zerr-Eichen; das Projekt ist Teil des Boulevardkonzepts im erweiterten Gebiet Volta über dem Autobahntunnel der Nordtangente. «Und die Bäume entwickeln sich

> Die Basler Stadtgärtner pflanzen pro Jahr 200 bis 300 Bäume in mit Substraten gefüllte Baumgruben.

prächtig», sagt Martin Sonderegger, bei der Stadtgärtnerei Leiter der Abteilung Logistik. Warum sie wachsen, ist in der Baumschule und Kompostieranlage in Arlesheim zu erfahren. Die Baumschule beim Weidenhof an der Birs besteht seit 1982, als die Stadtgärtnerei das St. Johann verliess und die Gärtnerei in Brüglingen bezog. Hier in Arlesheim häufen sich neben den Kompost-Erden auch die Substrat-Hügel, die für das Gedeihen der Stadtbäume wesentlich sind. Ohne die hochwertigen Substrate wäre manch ein Strassen- oder Alleebaum den schwierigen Bodenverhältnissen in der Stadt nicht gewachsen.

Die Basler Stadtgärtner pflanzen pro Jahr 200 bis 300 Bäume in mit Substraten gefüllte Baumgruben. Als Alternative zum oft lehmigen Landboden eignen sich grobe, strukturreiche, aus verschiedenen Komponenten bestehende Schotterböden besonders im Stadtgebiet. Langzeituntersuchungen haben besseren Wurzelwuchs und vitalere Bäume ergeben. Bei den Jung-Eschen an der Birs hat man ein Standardsubstrat verwendet, das auf Rundkies basiert, angereichert durch gebrannten Leca-Blähton (wie in Hydrokulturen), Landerde und Grünkompost. Bei den Zerr-Eichen an der Entenweidstrasse wurde ein Granitsubstrat eingesetzt; es war, im Frühjahr 2008, das erste grössere Projekt mit diesem neuen Substrat in genau definierten Schichten und entsprechender Verdichtung. Der Einsatz des Granitsubstrats, welches anstelle des Rundkieses auf gebrochenem Granitschotter und Granitkies basiert, ist zwar deutlich aufwendiger, eignet sich jedoch insbesondere unter dem Trottoirbelag, unter Verkehrsflächen und für kalkfliehende Baumarten.

SCHWIERIGE BEDINGUNGEN

Wenn der gelernte Förster und Betriebswirtschafter Martin Sonderegger in der Arlesheimer Baumschule die Verwendung der Substrate erklärt, betont er immer auch den Umweltfaktor: Das Material werde nicht über weite Distanzen herangefahren, sondern zum grössten Teil aus Baugruben und Aushüben in unserer kiesigen Rheinregion bezogen. Es gibt also

Grünmacher und Schattenspender an Strassen und am Rhein. Rund 25 000 Bäume stehen in Basel.

einen regionalen Kreislauf, ähnlich wie beim Grün-
material, das in Form von Kompost «zurückkehrt».
Das Stichwort Umweltfaktor aber führt beim Stadtgrün generell in einen äusserst sensiblen Bereich.
Unter den insgesamt 25 000 Bäumen in Basel, die
die Stadtgärtnerei im öffentlichen Raum betreut, finden die 11 000 Strassenbäume die schwierigsten
Bedingungen vor. Abgase, Streusalz, Abfälle, Hunde-Urin, undurchlässige Bodenverdichtungen gehören speziell zu ihren Feinden. Sie werden von Tiefga-
ragen, Untergeschossen, Kanalisationen, Unter- und
Oberleitungen konkurrenziert. In den versiegelten
Böden von Strassen und Trottoirs sind Wasser, Luft
und Nährstoffe rar. Nicht wenige Baumarten benöti-
gen für die Wurzeln ungefähr gleich viel Raum wie
für die Krone. Wo findet ein Strassenbaum, ein Alleebaum diesen Platz?

Doch viele der über 300 von der Stadtgärtnerei ge-
hegten Arten können – richtig gepflegt – auch zu
wahren Lebenskünstlern werden. Basel, vergleichsweise baumreich, ist (etwas überspitzt gesagt) die
Stadt der Krim-Linde, die mit mehr als 3300 Exemplaren deutlich am häufigsten vorkommt, bis 20 Meter
hoch wird und eine Kreuzung zwischen Winter- und
Schwarzmeer-Linde darstellt. Die Krim-Linde erträgt
Rückschnitte gut, kann damit in die richtige Form gebracht werden und ist wenig anfällig für Blattlausbe-
fall – ein besonders geeigneter Stadtbaum also, der
in ganz Basel anzutreffen ist; in grossen Beständen
zum Beispiel an der Neubadstrasse und beim Schützenmattpark, an der Burgfelderstrasse, der Gundel-
dingerstrasse, aber auch in den Quartieren Horburg
und Hirzbrunnen.

Bäume als markante
Blickfänge zu allen
Jahreszeiten. Ob im
blühenden Frühjahr
oder im kargen Winter
im Schnee.

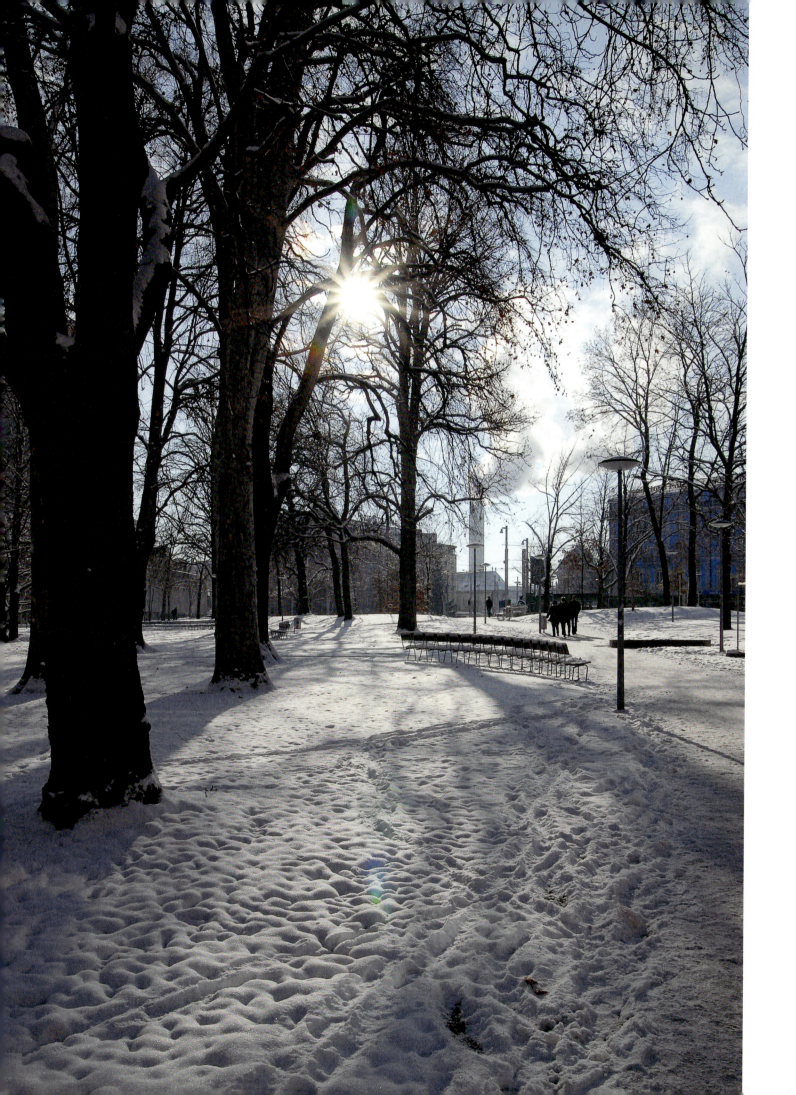

NICHT NUR UNTER LINDEN

Mit fast 2000 Individuen finden wir die bis 25 Meter hohe Gemeine Rosskastanie hier am zweithäufigsten vor. Wegen der vielen Früchte und der Streusalz-Empfindlichkeit dieser Art ist die Rosskastanie mit dichter Krone weniger an Strassen, sondern als Schattenspenderin vor allem in Pärken willkommen. Seit Jahren macht ihr die eingeschleppte Rosskastanienminiermotte das Leben schwer (Vorkommen unter anderem im Gotthelf- und im Iselinquartier, an der Strassburgerallee, im Hirzbrunnen). Die bis 30 Meter hohe Ahornblättrige Platane, Basel zählt über 1800 davon, erweist sich, weil schnellwüchsig sowie salz- und schnittverträglich, als sehr geeigneter Strassenbaum (grosse «Strecke» zum Beispiel auf dem City-Transit von Steinenring–Spalenring–Kannenfeldstrasse, verbreitet auch im Rosentalquartier und in Kleinhüningen). Den Spitz-Ahorn mit seinem schönen Hellgrün im ersten Frühling verzeichnen wir mit über 1500 Bäumen auf Platz vier. Kräftig im Wuchs und wurzelstark, erträgt er auch gepflasterte Standorte gut (in Kleinbasel am Rhein, im Bachletten an der Elsässerbahn). Die Winter-Linde (unter anderem im Clara- und im Matthäusquartier, auch am Rhein), Birke, Buche, Robinie und die Schwarz-Kiefer sind weitere Arten, die mehrhundertfach in Basel anzutreffen sind.

Eichen, oft Methusalems und als Baumdenkmäler und Könige unter den Bäumen bewundert, bevölkern in Städten hauptsächlich die Grünanlagen, bei uns in 24 Arten und Sorten mit über 850 Exemplaren. Allein im Eichenwäldchen des Kannenfeldparks zählt man 15 Sorten. Nicht nur für heimische Bäume, für europäische Arten und solche aus dem Mittelmeerraum finden sich gute Standorte, es wachsen auch Exoten aus ferner Herkunft. Am Oberen Batterieweg ist der urtümliche Ginkgo aus China gleich als ganze Allee anzutreffen. Der Chinesische Surenbaum steht auf dem St. Johanns-Platz und in der St. Alban-Anlage, der Schlangenhaut-Ahorn aus Japan in der Elisabethen-Anlage. Die Seiden-Akazie (auch Schlafbaum), vom Iran bis Ostchina heimisch, gibt es seit 2009 in 24 Exemplaren auf dem neu gestalteten Hebelplatz – in hellrosa Blütenpracht.

Bäume als ursprüngliche Elemente in modernen Verkehrskonzepten. Ob als Blickschutz bei markanten Bauwerken wie der Nordtangente (links oben) oder als verkehrsberuhigende, das Blickfeld reduzierende Massnahme in Quartieren.

DIE BAUMSCHULE IST LABOR

Doch der Standort ist nur eines für die Lebenskünstler in den Stadtstrassen. Es beginnt schon bei der Wahl der Arten. Nur ein Beispiel: Im Zeichen des Klimawandels fördern die Stadtgärtner nicht die «durstige» Buche und bescheren ihr so Trockenstress, bevorzugt wird vielmehr ein resistenterer Mittelmeerbaum wie etwa die Zerr-Eiche. Und es beginnt schon bei der Aufzucht: In der Baumschule in Arlesheim bilden die Jungbäume unter sorgfältiger Pflege ihre Wurzeln, werden hochgezogen und entwickeln sich zu einer Robustheit, die, im Alter von rund zehn Jahren, eine Pflanzung in der Stadt erlaubt. Angekaufte Jungbäume können sich in der Baumschule akklimatisieren. In möglichst grosszügige begrünte Baumrabatten gesetzt, eingezäunt und gestützt, wachsen die «Stras-senkinder» heran, reichlich bewässert, gut stabilisiert und regelmässig auf das wegen des Verkehrs nötige «Lichtraumprofil» geschnitten.

Ausgewachsen braucht der Baum erheblich weniger Pflege, umso mehr und umso dauernder jedoch in der langen Abbauphase, die unter den schwierigen Umweltbedingungen in der Stadt vergleichsweise früh einsetzt. Der Abbau geschieht in einem oft mehrere Jahrzehnte währenden Prozess mit zunehmendem Totholz, entsprechend erhöhter Beobachtung und verstärkter Pflege durch die Stadtgärtnerei. Am intensivsten ist die Baumpflege im Januar und Februar, in der Schnittzeit für die grossen Alleen. Ausgewachsene Bäume werden in einem Turnus von drei bis fünf Jahren geschnitten, in Basel sind es jährlich mehrere Tausend. Jedes Jahr muss rund ein Prozent des Bestandes ersetzt werden; gefällt wird vor allem aus Sicherheitsgründen. Basel ist baumreich, wir sagten es. Es ist eine Erfolgsgeschichte der Stadtgärtnerei, die einen EDV-gestützten detaillierten Baumkataster mit allen Standorten als Find-, Kontroll- und Archivinstrument zur Seite hat. Und es ist eine Erfolgsgeschichte des Basler Baumgesetzes: Durch Zustimmung an der Urne sind seit 1980 in der städtischen Baumschutzzone Bäume mit über 50 Zentimeter Umfang auf einem Meter Stammhöhe geschützt, ausserhalb dieser Zone gelten auf Stadtgebiet über 90 Zentimeter.   Ewald Billerbeck

Baumkataster der Stadtgärtnerei:
www.stadtplan.bs.ch (Thema: Baumkataster)

STADTPÄRKE: DIE GRÜNE RÜCKEROBERUNG

Der Erlenmattpark ist die neueste städtische Grünanlage – und in ihrer Konzeption ein ehrgeiziges Projekt. Sie stützt die Entwicklung der städtischen Parks zu sehr vielseitigen Grünzonen.

Zum Auftakt ihres Jubiläumsjahres eröffnete die Stadtgärtnerei am 9. April 2011 den Erlenmattpark. Die erste Bauetappe des von Raymond Vogel Landschaftsarchitekten entwickelten Projekts ist abgeschlossen, die Stadtgärtnerei hat 3,3 Hektaren auf dem insgesamt 5,8 Hektar grossen Gelände bepflanzt und verschiedene Parkbereiche fertig gestellt. Im Norden Kleinbasels, wo sich früher der Güterbahnhof der Deutschen Bahn befand, wächst ein Park heran, der einen grünen Korridor zum Naherholungsgebiet der Langen Erlen bilden wird. Das Volksfest zur Eröffnung im April 2011 stand unter dem Motto «Wir erobern den Park». Dieses Motto (es tönt zwar etwas martialisch, ist aber keineswegs so gemeint) hat mehrere Aspekte. «Wir erobern» heisst hier, dass die Bevölkerung vom Park Besitz ergreifen soll, während ringsum der neue Stadtteil Erlenmatt erst im Entstehen begriffen ist: der Park als Vorleistung für die Öffentlichkeit, nicht als Zutat. Erobern heisst auch vielfach nutzen. Und vor allem: Auf der Bahnbrache wird ein Stück Natur zurückerobert, der dicht überbauten Stadt Freiraum abgetrotzt.

Was man zurückerobert, muss jedoch auch einmal weggenommen worden sein. Wie bei der Claramatte zum Beispiel; sie wurde, einst Turn- und Spielplatz, Mitte des 19. Jahrhunderts im Zuge der Stadtentwicklung ein erstes Mal verkleinert, erhielt danach den Charakter eines englischen Squares und wurde Mitte des 20. Jahrhunderts im Zuge der Verkehrsentwicklung noch einmal beschnitten. Schliesslich

wieder etwas vergrössert und 2006 spielerisch fürs Quartier zurückerobert, ist die Claramatte heute eine bedeutende Grünanlage mitten in der City. Andere Freiräume sind verschwunden, andere Pärke haben sich anders entwickelt. Gemeinsam aber, wenn auch

> Auf einer Bahnbrache wird ein Stück Natur zurückerobert, der dicht überbauten Stadt Freiraum abgetrotzt.

mit unterschiedlicher Gewichtung, ist den Stadtgärten der heutige Trend zur grünen Rückeroberung. Man könnte also das obige Motto durch «Viel Nutzen – viel Natur» ergänzen. Doch geht das zusammen? Haben wir da nicht schon fast die Quadratur des Kreises? Hoher Nutzungsdruck verdrängt doch die Natur?

WEITER PARKHORIZONT
Kehren wir dafür in den Erlenmattpark zurück. Von Süden, also der Innenstadt her, beginnt er mit einem offenen Vorpark im Dreieck. «Im Triangel» ist ans Kleinbasler Messeviertel Rosental angebunden und besitzt Treffpunktcharakter. Stufenförmige Verweilzonen, lockere Baumgruppen mit Platanen und Linden und eine Spielwiese setzen Akzente. Man trifft sich beim fliessend ausgewölbten Stadtbrunnen des Bildhauers Clemens Hunger und auf dem Hartplatz

Die alten Bahnschienen des ehemaligen DB-Güterareals wurden bei der Neugestaltung des Erlenmattparks mit einbezogen. Sie liegen nun als Erinnerung an frühere Zeiten mitten im Grünen.

für Märkte und andere Aktivitäten. Und schon hier ist das Spezielle des neuen Grossparks auszumachen: Schotterrasen, durchlässige Böden, Trockenflora und Bruchschotterwege verweisen auf die Fluren im ausgedienten Bahnareal, auf eine eigene, in der Brache entstandene und fast schon wieder «unberührt» gewordene Naturwelt. Die im Park auf dem einstigen Gleisfeld wiederverwendeten Bahnrelikte wirken wie Reminiszenzen.

Da ist nichts mehr von einem künstlichen, gezirkelten Ziergarten. Der an den «Triangel» anschliessende, in verschiedene Räume modellierte Hauptpark wird durch ausgedehntes Wiesland in der Naturschonzone geprägt. Mit viel Platz und Freiheit für die Benützer verändert sich die Bodenvegetation je nach Beanspruchung. Die intensiv genutzten Bereiche konzentrieren sich auf drei Bauminseln. Umsäumt von Verweilzonen locken Spielanlagen, hier unter einem Dach von Hochstämmern mit prachtvoll blühenden Tulpenbäumen, dort im verträumten Hain mit niedrigeren Mehrstämmern, während sich die dritte, nördlichste Insel als Grossträucherfeld präsentiert. Dann folgt ein Naturschutzgebiet, wo besondere Trockenflora gedeiht und bedrohte Tierarten wieder auftreten, wo sich in den Nischen der ehemaligen Schienenwege Mensch und Eidechse guten Tag sagen.

DER FREIRAUM ALS PROZESS

Mit dem Zusammenspiel von Naturschutz und Nutzpark sowohl für die Anwohner im neuen Stadtteil Erlenmatt wie für die Öffentlichkeit verfolgt die Stadtgärtnerei ein ehrgeiziges Ziel, wagt fast schon einen Spagat, wie es Landschaftsarchitekt Roland Wiedmer, bei den Stadtgärtnern der Projektleiter für den Park, ausdrückt. Wie viel Nutzen erträgt der Schutz? Wie viel Schutz verhindert den Nutzen? In Basels neuem Stadtpark werden auch neue Bestrebungen umgesetzt: der Freiraum als Prozess, der Park in Veränderung, ausgehend von einer Grundstruktur. Grünplaner Wiedmer bringt es in einem Vergleich auf den Punkt: «Wir schaffen gleichsam den Bilderrahmen; die Farbtupfer werden die Nutzer nach ihren Bedürfnissen setzen.»

Bleiben wir noch kurz im Jubiläumsjahr. 2011 gab die Stadtgärtnerei einen Gehölzführer zum Kannenfeldpark heraus. Die 8,5 Hektaren grosse Anlage lässt deutlich die Strukturen des einstigen Friedhofs erkennen, etwa durch die Ummauerung, die lineare Wegführung und die Denkmäler, vor allem aber ist die Baumartenvielfalt einzig in diesem Stadtpark. Der Gehölzführer stellt 62 Bäume vor, heimische wie die Berg-Ulme oder Rotbuche, aus dem Mittelmeerraum die Zerr-Eiche, die Libanon-Zeder und zahlreiche andere, fernere Exoten von der Amerikanischen Gleditschie bis zum Urwelt-Mammutbaum aus China. Wie steht es mit Nutzen und Natur? Das Freizeitangebot im Kannenfeldpark ist mit neuen Spielinseln zeitgemäss erweitert. Und grüne Rückeroberung bedeutet hier, dass der wertvolle Baumbestand neben der Pflege auch vielfältig weiterentwickelt wird. Ahorn in über 15 Arten, lichte Birken, dazu Erlen und Buchen, stämmige Eichen, Magnolien im Blütenwunder – die Stadtgärtnerei hat im Kannenfeldpark rund 300 Bäume und Sträucher neu gepflanzt.

NOCH SPÜRBARE HERKUNFT

Wie beim Erlenmattpark auf der Bahnbrache und beim Kannenfeldpark auf dem früheren Gottesacker lässt sich bei allen Basler Grünanlagen, zumindest den grossen, immer auch ihre Herkunft ablesen; hier mehr, dort etwas weniger sind sie Originale. Hier der Schützenmattpark, aus Schiess- und Festplatz 1899 als früher Volkspark angelegt: Hat er, alleenumrandet und mit grandiosem Rosskastanienkranz, nicht immer noch etwas vom Charme der altehrwürdigen Zentralwiese? «Common park», Central Park, nur etwas kleiner als der in New York.

Auf der anderen Seite der Margarethenpark, «grüne Lunge» im Gundeldingerquartier, 1897 als Landschaftsgarten in Privatbesitz durch die Stadt erworben und zum öffentlichen Park gestaltet: Er wurde (viel mehr als der Schützenmattpark) tiefgreifend verändert – dennoch erahnt man noch etwas von der ursprünglichen Struktur. Und wieder anders der St. Johanns-Park als jüngeres Beispiel, seit 1992 mit bewegter Geschichte auf dem Gelände des ehemaligen Schlachthofs und der «Alten Stadtgärtnerei», einzigartig in seiner Lage am Rhein, am Ufer ein Lebensraum für den gefährdeten Erdbockkäfer: Unter den Grünanlagen in Basel ist insbesondere beim St. Johanns-Park der Standort gestaltungsbestimmend, so etwa durch Verwendung von Rheinkies als Bodensubstrat und die Ansiedlung hier typischer Pflanzen. Womit wir wieder bei der grünen Rückeroberung wären.

Ewald Billerbeck

Auf den nachfolgenden Seiten sind alle bedeutenden Parkanlagen Basels abgebildet.

1 Claramatte
2 Dreirosenanlage
3 Horburgpark
4 Kannenfeldpark
5 Margarethenpark
6 Erlenmattpark
7 Rosenfeldpark
8 Schützenmattpark
9 Schwarzpark
10 Solitude
11 St. Albantor-Anlage
12 St. Alban-Anlage
13 Breitematte
14 Wasserturm Bruderholz
15 St. Johanns-Park
16 Münsterplatz
17 Elisabethen-Anlage
18 Rosentalanlage
19 Petersplatz
20 Grün 80

Kleines Biotop inmitten Basels: der Weiher beim Universitätsspital sorgt für Erholung bei Patienten, Personal und Besuchern.

19

Grüne und bunte Elemente mitten in der Stadt: ob in Pärken, in speziell angelegten Beeten oder in wunderbar ausgestalteten Töpfen: Pflanzen fördern das Wohlbefinden in der Stadt.

SICHTBARE ZEUGEN ALTER FRIEDHOFZEITEN

In Basel gibt es viele Plätze, die früher als Bestattungsorte geführt wurden und bis heute als Grünanlagen Bestand haben. Wer genau hinschaut, entdeckt an vielen Orten noch Zeugen der längst vergangenen Zeiten, als die Toten noch mitten in der Stadt beerdigt wurden.

Wenn der Zirkus auf der Rosentalanlage seine Vorstellungen gibt, sind sich viele Besucherinnen und Besucher nicht bewusst, dass an dieser Stelle viele Kleinbaslerinnen und Kleinbasler seit 1832 ihre letzte Ruhestätte gefunden haben. An der Stelle der heutigen Rosentalanlage lag früher der Theodorsgottesacker. Die runde Friedhofkapelle von Melchior Berri erinnert noch immer daran. Es gibt auch noch ein paar wenige Bäume aus jener Zeit. Die ursprüngliche Friedhofanlage war nahezu doppelt so gross. Ein grosser Teil der Anlage wurde für den Bau des Messeparkhauses beansprucht. Beim Bau dieses Parkings wurden unzählige Gebeine geborgen und in Körben auf den Friedhof am Hörnli gebracht und dort in einem Gemeinschaftsgrab beigesetzt.

So ist es noch an manchen Orten in der Stadt, wo die Bauhandwerker bei Grabarbeiten auf menschliche Skelette stossen. Immer wieder wird man dabei ganz unmittelbar an die Geschichte der Stadt erinnert, welche sich über Jahrhunderte hinweg in den engen Grenzen der Stadtbefestigung bewegt hat. Die Basler Bevölkerung bestattete ihre Verstorbenen anfänglich in den Höfen der zahlreichen Kirchen und Klöster. Es gab aber auch ausserordentliche Beisetzungsstätten für besondere Gruppen. So wurden jüdische Menschen auf den jüdischen Friedhöfen beigesetzt, von denen es einige gab. Bei Bauarbeiten vor dem Spalentor sind Arbeiter auf Knochen gestossen, welche auf einen Jüdischen Friedhof zurückgehen, der im 13. und 14. Jahrhundert an jener

Stelle bestanden hat. Auch Aussätzige und Kranke wurden ausserhalb der Mauern beigesetzt.

Von den unzähligen Bestattungsplätzen, welche im Lauf der Geschichte der Stadt Basel betrieben wurden, sind heute noch ein paar entweder als Friedhöfe oder als Park- und Grünanlagen erhalten. Wo sich die ehemaligen Friedhöfe bei den Kirchen befunden haben, können wir heute nur erahnen. Da ist zum Beispiel die Grünanlage vor der St. Alban-Kirche zu nennen. Noch heute finden sich an den Mauern vereinzelt stark verwitterte Grabdenkmale. Auch auf dem Leonhardskirchplatz kann man sich eine Vorstellung machen, wie es ausgesehen haben könnte. Bei der Peterskirche ist das schon sehr viel

> Die ursprüngliche Friedhofanlage bei der heutigen Rosentalanlage war nahezu doppelt so gross.

schwieriger, da sich die Umgebung mit Schulhaus und Hebel-Denkmal wesentlich verändert hat. Dagegen ist der Begriff des Totengässleins geblieben, was darauf hinweist, dass die Verstorbenen von der Talstadt nach St. Peter hochgetragen worden waren. Entgegen manchen Vorstellungen dürfte der Petersplatz nicht als Begräbnisstätte gedient haben. Dagegen befand sich Mitte des 19. Jahrhunderts der

Einen jüdischen Friedhof gab es in Basel schon im 13. und 14. Jahrhundert beim Spalentor, heute liegt er an der Theodor-Herzl-Strasse (Bild oben). Die Friedhofkappellen bei der Elisabethen-Anlage (unten links), heute ein trendiges Restaurant, und auf der Rosentalanlage erinnern an die Zeiten, als diese Flächen noch für Bestattungen genutzt wurden.

Die zwei heute noch
bestehenden Friedhof-
anlagen der Stadt Basel
im Laufe der Zeit:
der Wolfgottesacker
(Bilder auf der linken
Seite) und der 1932
eröffnete Zentralfriedhof
am Hörnli.

Spalengottesacker unmittelbar westlich des Peters-platzes an der Stelle des heutigen Botanischen Gartens der Universität. Ähnlich verhält es sich mit dem Elisabethengottesacker, der sich an der Stelle der heutigen Elisabethen-Anlage und des Devette-Schulhauses befand. Die Friedhofkapelle gibt es heute noch. Sie dient heute als trendiges Restaurant. Alle übrigen Merkmale, die an einen Friedhof erinnern würden, sind verschwunden. Die Elisabethenanlage ist um 1860 als integraler Bestandteil der sogenannten Grabenanlagen gestaltet worden.

Bei der Errichtung des St. Johanns-Parks wurden unzählige Skelette geborgen, welche krankheitsbedingte Deformationen aufwiesen.

Im St. Johanns-Quartier gab es in der Mitte des 19. Jahrhunderts zwei Friedhöfe, den Innern Gottesacker St. Johann und den Äussern Gottesacker St. Johann, auch Spitalgottesacker genannt. Er gehörte zum Bürgerspital. Beim Rückbau der Schlacht-hofanlage und bei der Errichtung des St. Johanns-Parks wurden unzählige Skelette geborgen, welche ausserordentliche, krankheitsbedingte Deformationen aufwiesen. Diese Knochenfunde waren sehr aufschlussreich. Sie zeigen, unter welchen Krankheiten die Menschen damals litten, wie sich ihre Ernährung auf die Gesundheit auswirkte, welchem Stand sie angehörten, welcher Arbeit sie nachgegangen waren. Viele dieser Knochenfunde werden heute im Naturhistorischen Museum aufbewahrt und erforscht.

Etwas anders verhält es sich mit dem Kannenfeld-gottesacker, dem heutigen Kannenfeldpark. Er wurde 1868 eingeweiht und diente der Basler Bevölkerung westlich des Birsig bis 1952. Bis heute gibt es am oberen Eingang Figuren aus der Bibel und Psalmverse, die schmiedeiserne Parkumzäunung, die Anordnung der Wege, die Baumreihen und noch ein paar in der Zwischenzeit zu stattlichen Bäumen herangewachsene Koniferen, welche ursprünglich als Grabschmuck die einzelnen Grabsteine einrahmten und heute an die Vergangenheit erinnern. Es gibt sogar noch einzelne Grabmähler, die sich bis heute gehalten haben: ein Denkmal für die im Ersten Weltkrieg gefallenen französischen Soldaten oder ein unscheinbares, ägyptisch anmutendes Grabmal beim

Kinderspielplatz. Nachträglich errichtete Einbauten wie das Freilichttheater, das Planschbecken und die Hochbauten, wo sich heute der Polizeiposten und das Magazin der Stadtgärtnerei befinden, lassen die Friedhofvergangenheit etwas vergessen.

Anstelle des heutigen Horburgparks gab es den Horburggottesacker. Er war doppelt so gross. Den heute in Hufeisenform angelegten Hauptweg gab es ursprünglich als geschlossenes Oval. Die Entwicklung der chemischen Industrie vereinnahmte das Gebiet. Auch in diesem Fall wurden zahlreiche Knochen geborgen.

1932 wurde der Zentralfriedhof am Hörnli in Betrieb genommen. Die Anlage war für eine Bevölkerungs-zahl von etwa 300 000 Bewohnern vorgesehen. Die Anordnung hat sich bis heute als sehr zweckmässig gezeigt. Auch der Boden ist für die Verwesung geeignet, da er sehr kieshaltig ist. Das «Hörnli» ist noch heute der grösste Friedhof der Schweiz. Die 54 Hektaren grosse Anlage gliedert sich in zwölf Abteilungen, wovon die «Abteilung 12» 1998 vollständig erneuert wurde. Das Bestattungsangebot ist aufgrund der Platzverhältnisse sehr vielseitig. Neben den traditionellen Reihengräbern für Sarg- und Urnenbestattungen gibt es eine Vielzahl von Gemeinschaftsgräbern, Familiengräbern und Urnennischen Anlagen. Integriert in die Friedhofanlage ist eine Abteilung für die islamische Bevölkerung. Die Grabanlage ist nach den islamischen Bestattungsvorschriften gegen Mekka gewendet. Zusätzlich wurde auf dem Friedhof ein Waschsaal in Betrieb genommen, der es den gläubigen Muslimen erlaubt, die rituelle Waschung der Verstorbenen vorzunehmen.

Im Krematorium werden jährlich rund 4000 Einäscherungen von Verstorbenen aus Basel, dem unteren Baselbiet, dem Fricktal, Thierstein und Dorneck vorgenommen. Auf dem Friedhof finden jährlich etwa 2000 Personen ihre letzte Ruhe. Der Wolfgottesacker dient bis heute ausschliesslich als Familiengrabanlage. Hier sind noch zahlreiche Grabanlagen alter Basler Familien zu finden, die in der Mitte des 19. Jahrhunderts erworben wurden. Besondere Beachtung finden die zahlreichen Grabdenkmäler und die denkmalgeschützte Gesamtanlage.

2007 erschien im Friedrich Reinhardt Verlag, Basel, das Buch «Am Ende des Weges blüht der Garten der Ewigkeit». Es bietet einen umfassenden Überblick über die Basler Friedhofsgeschichte.

Emanuel Trueb

Friedhofsarbeit heute: mit Gabelstapler, Bagger und Schubkarre werden die Voraussetzungen geschaffen, um den Verstorbenen Basels ihre letzte Ruhe zu geben.

EIN SPORTLICHES DENKMAL ZU ST. JAKOB

1930 legte die Stadt Basel mit dem Erwerb des St. Jakob-Areals den Grundstein für ihre weitsichtige Sportstättenplanung. Von den Visionen von damals profitiert Basel noch heute.

Die «National-Zeitung» jubelte im November 1930 in den höchsten Tönen. Basel erhalte die grösste Sportanlage der Schweiz und diese «Anlage der Körperkultur darf auf Jahrzehnte hinaus für Schweizer und internationale Begriffe eine mustergültige genannt werden.» Aus heutiger Sicht steht fest: Die Prophezeiung hat sich erfüllt. Das St. Jakob-Areal, denn davon war die Rede im Zeitungsartikel, ist Basels Vorzeige-Sportanlage. Die Stadt kaufte damals von der Christoph Merian Stiftung für 1,2 Millionen Franken das 305 000 Quadratmeter grosse Gebiet in der Brüglinger Ebene.

Die Berner Architekten von Sinner und Beyeler entwarfen ein Konzept, das den Bau von Sportplätzen für Fussball und Leichtathletik, einer Sporthalle, Tennisplätzen, einem Schwimmbad und einem sogenannten Kampfstadion für 40 000 Zuschauer vorsah. Dieses Konzept war visionär, wurden doch alle diese Sportstätten errichtet – wenn auch einige von ihnen erst Jahre später. Zunächst entstanden in den 1930er-Jahren – als Beschäftigungsprogramm für Arbeitslose während der Weltwirtschaftskrise – acht Fussballfelder sowie Anlagen für Leichtathleten und Turner. Hinzu kamen später das St. Jakob-Stadion für die Fussball-Weltmeisterschaft (1954), das Gartenbad (1955), die Sporthalle (1975) und weitere Fussballfelder (1978).

«GESUNDE KÖRPERKULTUR»

Die Sportanlage St. Jakob war zwar nicht die erste Sportstätte, die es in Basel gab. Mit einer grosszü-

gigen Auslegung des Begriffes Sport kommt diese Ehre wohl eher dem Petersplatz zu. Auf ihm fanden im Mittelalter militärische Übungen, aber auch Spiele und Wettkämpfe statt, wie Eugen A. Meier in seinem Standartwerk «Basel Sport» schreibt. Das «Joggeli» war auch nicht die erste Sportstätte, die der Kanton selber erstellte. Bereits Mitte des 19. Jahrhunderts wurden Turnhallen für die Schulen gebaut. Trotzdem markiert der Bau der Anlagen auf dem St. Jakob-Areal einen wichtigen Meilenstein. Hier schritt erstmals der Kanton aktiv als Baumeister voran, um einer breiten Bevölkerung die sportliche Betätigung zu ermöglichen. Oder, wie der Regierungsrat damals selber schrieb: «Es gilt, der kommenden Grossstadtjugend die Möglichkeiten für eine gesunde Körperkultur zu sichern.»

Dieser Satz ist bemerkenswert. Zwar ist die Sprache der Basler Behörden heute eine andere. Aber der Satz von damals atmet den gleichen Geist wie das Basler Sportgesetz von 2010 – übrigens das erste Sportgesetz im Kanton. In diesem Gesetz wird festgehalten: «Der Kanton erstellt und betreibt Sport- und Bewegungsanlagen und stellt diese den Vereinen und dem Breitensport zur Verfügung.» Das heisst: Es ist heute eine erklärte Aufgabe der öffentlichen Hand, dafür zu sorgen, dass sich die Menschen sportlich betätigen können. Und so betreibt der Kanton Basel-Stadt Schwimmbäder, Kunsteisbahnen, Turnhallen, Rasenplätze sowie die Sportzentren St. Jakob, Schützenmatte, Rankhof, Bachgraben und

Kompaktes Sportzentrum St. Jakob: Stadion, Sporthalle, Eishalle, Fussballplätze, Sportbad, Schänzli und bald auch der Campus, das Ausbildungszentrum des FC Basel.

Sportplätze in Basel mit reicher Vergangenheit: der Landhof (oben) und der Rankhof (unten), auf dem der FC Nordstern einst Basler Derbys in der Nationalliga A erlebte – und der Bachgraben, auf dessen Areal einst die Baumschule der Stadtgärtnerei beheimatet war.

Pfaffenholz. Für den Betrieb der Sportanlagen und damit unter anderem für die Rasenpflege ist das Sportamt zuständig. Der bauliche Unterhalt der Anlagen liegt in der Kompetenz des Bau- und Verkehrsdepartements. Die Stadtgärtnerei kümmert sich dabei beispielsweise um die Bäume auf den Sportanlagen, überlässt aber die Rasenpflege den Spezialisten vom Sportamt.

Grosse Teile der basel-städtischen Sportstätten befinden sich ausserhalb des Kantonsgebiets.

SPORT AUF 500 000 QUADRATMETERN

An Grünflächen stehen dem Sport gemäss Angaben des Sportamts heute rund 500 000 Quadratmeter zur Verfügung. Das ist im Vergleich zu anderen Kantonen solider Durchschnitt. Der Platzbedarf der Sportvereine im Kanton nimmt aber stetig zu. Durch die Erfolge des FC Basel erleben vor allem die Fussballclubs einen riesigen Zulauf. Nur: Grosse Freiflächen gibt es nicht mehr – spürbar wachsen wird der Platz, der dem Sport in Basel zur Verfügung steht, somit nicht mehr. Dies zwingt das Basler Sportamt zu kreativen Lösungen. Seine grösste Herausforderung ist heute, die vorhandenen Flächen besser zu nutzen – und das gelingt tatsächlich. Ein Beispiel: Noch vor 20 Jahren musste das Sportamt einen Fussballplatz jeweils bis zu drei Monate im Sommer sperren, wenn die Rasenfläche vor den beiden Toren abgespielt war. Diese Zeit wurde benötigt, um den ganzen Rasen auszutauschen. Heute dagegen arbeitet das Sportamt mit Rasenplatten. Wenn der Rasen vor den Toren nicht mehr grün ist, wird die entsprechende Rasenplatte mit einem Kran entfernt und eine neue eingesetzt. Der Rasen ist am gleichen Tag wieder bespielbar.

Abhilfe schafft heute auch das künstliche Grün. Seit den 1990er-Jahren gibt es Kunstrasenfelder auf den Basler Sportanlagen. Ihr Vorteil: Sie können während des ganzen Jahres genutzt werden, aufgrund ihrer Belastbarkeit rein theoretisch auch 24 Stunden am Tag. Aus diesem Grund müssen Fussballer im Winter nicht mehr zwingend in der Halle trainieren – und damit anderen Sportlern den Platz wegnehmen.

Wie eng es in Basel für den Sport ist und immer schon war, dokumentiert auch Folgendes: Grosse

Teile der kantonalen Sportstätten befinden sich ausserhalb des Kantonsgebiets: Mit Ausnahme des Fussballstadions ist das gesamte St. Jakob-Areal auf Münchensteiner Boden, die Kunsteisbahn Margarethen ist in Binningen, die Sportanlage Bachgraben in Allschwil und mit dem Pfaffenholz gibt es sogar Anlagen in Frankreich. Ein Glück für Basels Sportler, dass im vergangenen Jahrhundert visionäre Menschen in der Basler Regierung sassen, die der Stadt diese exterritorialen Flächen für den Breiten- und Spitzensport gesichert haben. Patrick Künzle

Die altehrwürdige Schorenmatte des VfR Kleinhüningen (oben) und der moderne Kunstrasenplatz auf der Schützenmatte: Sportanlagen im Wandel der Zeit.

VON DER AUENLANDSCHAFT ZUM SIEDLUNGSRAUM

Bevor Basel von den Kelten besiedelt wurde, war es eine Auenlandschaft mit zahlreichen offenen Gewässern und charakteristischen Hügeln. Heute hat die Natur im städtischen Umfeld ihre ganz speziellen Nischen gefunden.

Bevor in der Antike die Kelten bei Basel am Rhein im Gebiet des heutigen Novartis Campus siedelten, war diese Landschaft alleine geprägt von den charakteristischen Hügelzügen, vom Rhein, von den Zuflüssen Birs, Birsig und Wiese und weiteren kleinen Bächen. Diese mündeten an zahlreichen Stellen in den Rhein, nachdem sie die verfügbaren Ebenen vielfältig durchfurcht hatten und diese nach jedem Hochwasser wieder neu gestalteten. Hier gab es feingliedrige Auenlandschaften mit grossen Kiesablagerungen an den diversen Flüssen, Schwemmgebiete, Feuchtgebiete und Auenwälder. An den Hanglagen und dort, wo die Flüsse nicht hinreichten, gab es dichte Wälder. Eichen und Buchen waren die dominierenden Baumarten.

Die Wiese beanspruchte den gesamten Raum vom Schlipf bis zum Hornfelsen. In ihrem Geschiebe brachte sie kristallines Material aus dem Schwarzwald und entsprechend weiches Wasser. Auch die Birs beanspruchte den gesamten Landschaftsraum im Gebiet Schänzli bis ins St. Alban-Tal und brachte Geschiebe aus Jurakalkstein und kalkreiches Wasser. Der Rhein floss ungehindert und auf der Höhe der heutigen Stadt Basel durchströmte er den Raum etwa im heute bekannten Flussbett, um sich gegen Norden wieder in Dutzende Flussarme zu gliedern und die oberrheinische Tiefebene in ganzer Breite zu durchziehen. Mit der Besiedelung begann die Kultivierung der Landschaft. Das brachte allmähliche Veränderungen für den Landschaftsraum mit sich.

Im 8. Jahrhundert v. Chr. siedelten in dieser Landschaft Kelten, dann die Römer. Diese konzentrierten sich auf den Höhenzug zwischen Birsig und Rhein, dem Münsterhügel, wo sie ein Castel errichteten. Die grosse Stadt zur Römerzeit, Augusta Raurica, befand sich weiter oben an der Mündung der Ergolz in Augst. Bereits die Römer rodeten grossflächig Waldgebiete, um Ackerbau und Viehzucht zu betreiben. Sie brachten Reben, Lorbeer, Rosmarin, Edelkastanie, Walnuss und den Buchs vom Süden mit. Mit dem Niedergang des Römischen Reiches und der römischen Siedlungen zur Zeit der Völkerwanderungen verwaldeten diese Gebiete wieder grösstenteils. Die Alemannen siedelten im 4. und 5. Jahrhundert. Sie übernahmen von den Römern nicht nur Zwiebeln, Rettich und Kohl, sondern weitere kulturelle Errungenschaften. Eine Verordnung aus karolingischer Zeit legt fest, was zur Selbstversorgung nötig war: Gemüse, Obst, Würz- und Heilkräuter sowie Färberpflanzen. Hier werden auch Melone und Kichererbsen genannt.

AN DER ENGSTEN RHEINSTELLE

Das Mittelalter brachte eine erneute Besiedelung an jener Stelle, wo der Rhein am engsten war und eine Brücke gebaut werden konnte. Wesentliche Impulse kamen von den Klöstern. Die für Viehzucht und Ackerbau notwendigen Flächen wurden gerodet, die Täler von der Bewaldung befreit, die Flüsse kanalisiert, die Feuchtgebiete trockengelegt, Äcker, Obstund Weingärten angelegt. Die siedlungsnahen

So oder ähnlich
präsentierte sich Basel
vor der Besiedelung.
Als Auenlandschaft mit
vielen Ausläufern
der Gewässer Rhein,
Birs und Wiese.

Blick des Malers Anton
Winterlin von der
Rheinschanze (beim
St. Johanns-Tor)
rheinaufwärts zur
Mittleren Brücke und
zum Münster. Die
Rheinufer waren
damals, 1840, zum Teil
noch natürlich gehalten.

«Z'Basel an mym Rhy» –
die Verbundenheit
der Basler zum Wasser
funktioniert auch ohne
Meer- und Seeanschluss.
Der Rhein prägt die
Altstadt, einen See
gibts in der Grün 80
(wenn auch einen
künstlichen). Wiese
und Birs gehören auch
zum Basler Wasser.

Wälder wurden von den Haustieren beweidet, die für die Futterernte nötigen Wiesen wurden dem Wald abgerungen. Es war das Zusammenwirken der Natur- und der Kulturlandschaft, die in 1500 Jahren seit dem frühen Mittelalter bis weit ins 18. Jahrhundert diesem Landschaftsraum eine einzigartige Vielfalt von Pflanzen- und Tierarten bescherte. Die für die Landwirtschaft offen gehaltenen Flächen waren reich an Wiesen und Weiden. Die Flüsse besorgten weiterhin den steten Umbau der Landschaft in den Auen. Die Wälder wurden zur Holznutzung gerodet oder beweidet und an Hanglagen verdrängt, da die Ebenen landwirtschaftlich besser zu nutzen waren. Die Gewässer wurden zur Energieversorgung in Kanäle gefasst. Im Rhein hat so manche Pflanze den Weg aus dem Alpenraum zu uns gefunden und in der oberrheinischen Tiefebene haben sich Arten der trockenwarmen Landschaft festgesetzt.

WELTBERÜHMTE BOTANIKER

Obwohl schon die Römer eine etablierte Form der Gartenkultur kannten, entwickelte sich erst wieder im Mittelalter eine eigenständige Form der Gartenkultur. Besondere Gärten fanden sich in den Klöstern und Gutshöfen. Die Gärten dienten aber bis weit in die Zeit der Renaissance primär der Erzeugung von Nahrungsmitteln, von Gemüse, Obst, Heilkräutern und auch Blumen. Schon immer gab es den Garten als Ausdruck des Standes und der Macht, besonders in der Zeit der Renaissance, des Barocks und des Klassizismus, selbst wenn es dafür in Basel wenige ausserordentliche Beispiele gibt. Die Handelsbeziehungen in der Antike und im Mittelalter sowie die Entdeckungen der Kontinente brachten neuartige Pflanzen in die Gärten und in die Landschaft: Kirschen aus dem Orient, Auberginen aus Indien, Zuckermelonen aus Armenien, Kartoffeln, Tomaten und Mais aus der neuen Welt. Basel hatte Handelsbeziehungen in ganz Europa und brachte einige weltberühmte Botaniker hervor. So kamen Pflanzen aus allen Kontinenten zu uns. Oft waren es Geschenke, Reiseerinnerungen, Medizinalpflanzen, Färberpflanzen oder eben Sammlerstücke.

Im 19. Jahrhundert schliesslich wurden einschneidende Weichen für eine landschaftliche Veränderung gestellt. Wiese und Birs wurden kanalisiert und damit Ebenen für den Siedlungsbau erschlossen. Die grossflächige Auenlandschaft ist heute grösstenteils verschwunden. Für die Schifffahrt und für die Erzeugung von Elektrizität wurden Staustufen im Rhein errichtet, welche die Fliessgeschwindigkeit und die Durchgängigkeit für Lebewesen wesentlich veränderten. Der in der Geschichte der Stadt Basel so bedeutungsvolle Lachs wird heute wieder angesiedelt. Die Erweiterung des bebauten Raumes bis an die Ufer der Gewässer veränderte diesen Lebensraum nachhaltig. Auch die auf Optimierung von Ertrag ausgerichtete Landwirtschaft hat durch den Einsatz chemischer Hilfsstoffe die Erträge effizienter gestaltet, die Landwirtschaftsflächen aber uniformer gemacht. Grossflächig verglaste Fassaden sind zu Vogelfallen geworden. Die unzähligen Verkehrsträger, Autobahnen und Schienen sowie die Infrastruktur der Energieversorgung haben Landschaftsräume zerschnitten und Lebensräume zerstückelt.

SCHUTZ DER EINHEIMISCHEN ARTEN

Seit sich die menschlichen Aktivitäten im globalen Zusammenhang vollziehen, haben unzählige Organismen den Weg in die Basler Landschaft gefunden und sich hier eingerichtet. Einzelne unter ihnen verhalten sich extrem invasiv und lassen der einheimischen Flora und Fauna keinen Platz. Mit grössten Anstrengungen wird versucht, diesen Pflanzen und Tieren zu begegnen, um grösseren Schaden an der noch vorhandenen einheimischen Vegetation und der Tierwelt abzuwenden.

Trotz diesen Veränderungen in den vergangenen 150 Jahren haben sich viele Tier- und Pflanzenarten auch unter erschwerten Bedingungen halten können. Weitere, wie der Biber oder der Storch, konnten wieder angesiedelt werden. Andere sind verschwunden und nicht wieder gekommen. In der Bevölkerung besteht eine hohe Erwartung, dass trotz der voranschreitenden Veränderung des Lebensraumes Massnahmen zu Erhaltung der einheimischen Fauna und Flora getroffen werden. Und es gibt auch zahlreiche Erfolge. Gewisse Tier- und Pflanzenarten haben sich auf den neuen Lebensraum «Siedlung» eingestellt und sind heute darauf angewiesen. Es haben sich in den Städten Ersatzlandschaften und neue Lebensräume gebildet. Die Fliessgewässer und ihre Ufer sind zu wichtigen Wanderachsen geworden, auf Bahngeleiseanlagen fühlen sich Lebewesen der trockenwarmen Gebiete wohl. Baumreihen und Parkanlagen dienen bis zu einem gewissen Mass als Ersatz für bewaldete Gebiete. Die Siedlung der Zukunft muss sich naturverträglich entwickeln, die belebte Mitwelt einbeziehen und aufnehmen können.

Emanuel Trueb

Vom Birsig ist in der Stadt nicht mehr viel übrig geblieben. Zu sehen ist er noch im Nachtigallenwäldchen – kanalisiert und gezüchtigt.

VON DEN GÄRTEN IM STADTGRABEN ZUR FREIZEITGARTENKULTUR

Die Basler Gartentradition geht aufs Mittelalter zurück, als in den Gräben an der Stadtmauer erste Gärten angelegt wurden. Heute gibt es in Basel rund 5700 Freizeitgarten-Parzellen.

Familiengärten haben im Kanton Basel-Stadt eine lange Tradition. Bereits im Mittelalter gab es die Stadtgrabengärten, die direkt ausserhalb der Stadtmauern lagen. Sie wurden gegen einen geringen Zins vor allem an sozial schwächer gestellte Familien verpachtet. Eine erste Erwähnung erfolgt im Jahr 1596, als 37 Pächter eine Bittschrift an den Rat der Stadt richteten, die Abgaben nicht zu erhöhen. Aus dem Jahr 1858 gibt es eine Abbildung von Stadtgrabengärten vor dem St. Alban- und dem Spalentor.

Familiengärten im heutigen Sinn bestehen in Basel seit 1909. Die ersten entstanden im Bereich des damaligen «Hilfsspitals».

Sie dienten wie die später aufkommenden Pflanzgärten vor allem der Selbstversorgung mit Gemüse und Früchten und somit zur Entlastung des Haushaltsbudgets. Diese Pflanzgärten waren um 1860 praktisch alle wieder verschwunden.
Familiengärten im heutigen Sinn bestehen in Basel seit 1909. Der «Frauenverein zur Hebung der Sittlichkeit» wurde auf die gegen Mitte des 19. Jahrhunderts aufgekommene Schrebergarten-Bewegung aufmerksam. Der Verein beschaffte sich Land im Bereich des «Hilfsspitals» (in der Nähe des Felix

Platter Spitals) und legte darauf 25 Gärten an. Offenbar gab es für dieses Gartenland eine rege Nachfrage, denn in der Zeit von 1914 bis 1919 suchten nicht nur der Frauenverein, sondern auch die «Gesellschaft für das Gute und Gemeinnützige» und der «Naturheilverein» intensiv nach Land, auf welchem Gärten angelegt werden konnten.

KRIEGSBEDINGTER AUFSCHWUNG

Während des Ersten Weltkrieges kam es zu Engpässen bei der Versorgung der städtischen Bevölkerung. Der Weg über den Jura hinweg ins Mittelland war weit und beschwerlich, in den Nachbarländern herrschte Krieg. Deshalb wurden die Lebensmittel in der Stadt Basel äusserst knapp. Umso mehr waren weite Teile der Basler Bevölkerung auf den Ertrag aus ihren Pflanzgärten angewiesen. Aus diesen Umständen schaltete sich zum ersten Mal der Kanton ein und suchte aktiv nach Land, das sich für die Anlage von Pflanzgärten eignete.
Am 20. März 1915 wurde vom Regierungsrat die «Staatliche Kommission zur Beschaffung von Pflanzland» eingesetzt. Den Vorsitz hatte der damalige Stadtgärtner Eduard Schill. Durch die Arbeit der Kommission war die Zahl der privaten Gartenparzellen nach dem Ende des Ersten Weltkrieges auf 3400 kantonale und etwa 5000 private bepflanzte Grundstücke angestiegen. Im Verwaltungsbericht des Jahres 1918 weist das «Anbauamt» darauf hin, dass nicht nur die Pächter selbst, sondern auch die

Jedem sein Pflanzplätzchen. Die grünen Quadratmeter zur Selbstbewirtschaftung sind fein säuberlich parzelliert und erfasst.

Basler Bevölkerung im Allgemeinen aus den «Volks-
gärten» einen erheblichen Nutzen ziehen.

Die Pflanzplätze leisteten einen wichtigen Beitrag
zur Verbesserung der Ernährungslage in Basel.
Ohne die Eigenproduktion von Gemüse und Früchten wäre die Versorgung kaum zu bewerkstelligen
gewesen, dazu hätte eine starke Preissteigerung ein-
treten können. In der Anbaustatistik vom Juni 1918
werden für Basel 8300 Kleingärten ausgewiesen.
Der Ertrag aus diesen Gärten wurde auf mindestens
eine Million Franken geschätzt. Aufgrund der Bedeutung wurden den Pächterinnen und Pächtern erheb-
liche finanzielle Zuschüsse an die Arealeinrichtun-
gen und an deren Unterhalt gewährt.

Während des Zweiten Weltkrieges waren die Grenzen zu den Nachbarländern hin und wieder geschlossen. Gemüse sowie Früchte wurden in Basel wieder
knapp. Selbst Saatkartoffeln aus dem Mittelland waren kaum zu beschaffen. Strenge Vorschriften regu-
lierten, welche Gemüsesorten anzubauen waren. In
den Wintern 1943/44 und 1944/45 sollte insbesondere der vermehrte Anbau von Spätgemüse bestehende Engpässe überbrücken. Die Nichtbefolgung
der Bepflanzungsvorschriften wurde sogar mit Bus-
sen geahndet.

Im Rahmen des «Mehranbaues» wurden Sportplätze,
Spielplätze und städtische Grünanlagen zu Gemüsegärten umgestaltet. Diese Aktion wurde schweizweit
als «Anbauschlacht» bezeichnet. Die Anzahl an Gartenparzellen in Basel erreichte zu jener Zeit einen
Rekord: Nach einem Bericht des Regierungsrates
an den Grossen Rat existierten auf dem Boden der
Stadt Basel 10 000 Parzellen, Riehen und Bettingen
ausgeschlossen. Insgesamt wurden 258 Hektar
Gartenland bewirtschaftet.

VERMEHRTE ÜBERBAUUNG

Nach den kriegerischen Jahren verbesserte sich die
Versorgungslage im Kanton und die Kampagne
«Mehranbau» wurde eingestellt. Dadurch ging auch
die Zahl der Gartenparzellen zurück. In der Folgezeit
sah man in den Gartenarealen Landreserven, die

Von der Selbst-
versorgung zum
Freizeitvergnügen. Die
Nutzung der Schreber-
gärten hat sich
gewandelt. Heute gelten
sie vielen als
Rückzugsoasen.

nach und nach überbaut werden konnten. So sind heute etliche damalige Gartenareale völlig verschwunden. Im Jahr 1956 gab es im Kanton Basel-Stadt noch 7140 Familiengärten, im Jahr 1960 waren es noch 6998 Parzellen. Der Grund für die anschliessende, vergleichsweise moderate Abnahme bis heute ist vor allem in der Tatsache zu suchen, dass die Gärten innerhalb des Kantons grösstenteils in der Grünzone liegen und dass immer wieder neues Land für Gartenareale erschlossen wurde.

Die heutigen Freizeitgärten dienen der Erholung vom Alltag und stellen einen körperlichen und seelischen Ausgleich zum Berufsleben dar.

Damit konnten die von der Aufhebung betroffenen Pächterinnen und Pächter in neue Gebiete umgesiedelt werden, die ersatzweise auch ausserhalb des Kantons bereitgestellt wurden. Besonders die Verlagerung von zunächst rund 900 Gärten ins benachbarte Elsass kompensierte den Verlust an städtischen Pflanzarealen. Nach 1973 konnten weitere Gebiete innerhalb des Kantons, aber auch im Kanton Basel-Landschaft neu eingerichtet werden. Die Pflanzplätze in Frankreich wurden nach Abschluss von Nutzungsverträgen mit der Stadt St-Louis auf knapp 1100 Parzellen erweitert. Die Gärten wurden nun nicht mehr als «Pflanzland», sondern analog zur deutschen Bezeichnung «Kleingärten» genannt. Trotzdem gingen durch Landumnutzungen die Gärten bis heute kontinuierlich auf rund 6300 Parzellen zurück. Neben der Produktion von Gemüse und Früchten für den Eigenbedarf rückte der Erholungswert vermehrt in den Mittelpunkt.

DER WANDEL ZUM FREIZEITGARTEN
Im Jahr 1981 wurde die «Staatliche Pflanzlandkommission» in «Staatliche Kommission für Familiengärten» umbenannt. Der Begriff «Familiengärten» hatte sich gegenüber früheren Bezeichnungen wie «Pflanzland» oder «Kleingärten» etabliert und unterstrich auch die Sinneswandlung in der Nutzung eines Gartens. Noch immer können Familien mit niedrigeren Einkommen durch die Selbstversorgung ihr Haushaltbudget entlasten. Diese Familien können sich oft kein Einfamilienhaus mit Umschwung leisten

und nutzten das Angebot der Stadtgärtnerei, sich ein Stück Grün zu sichern.
Die Familiengärten haben sich inzwischen aber vom reinen Pflanzland zum Aufenthaltsort im Grünen entwickelt. Im Garten gibt es die Möglichkeit, seine Freizeit ungebunden zu verbringen. Die Basler Hobbygärten werden deshalb heute als «Freizeitgärten» bezeichnet. Sie dienen der Erholung vom Alltagsstress, als seelischer und körperlicher Ausgleich zum Berufsleben. Der Aufenthalt an der frischen Luft bringt Entspannung und neue Kraft mit sich. So werden in modernen Gärten vermehrt Rasenflächen, Ziersträucher, Blumen, Sitzplätze, Teiche, Grillecken und Pizzaöfen angelegt.
Der Familiengarten erfüllt so auch wichtige soziale Aufgaben. Die zunehmende Lebenserwartung der Menschen rückt die Probleme des Alters, etwa die Anonymität und Vereinsamung einzelner Menschen, immer mehr in den Vordergrund. Die älteren Pächterinnen und Pächter sind in den «Gartenlandschaften» eingebunden in ein soziales Netz. Im Garten oder im Vereinshaus können sie sich mit Gleichgesinnten treffen und im nachbarschaftlichen Gespräch Kontakte pflegen und Probleme gemeinsam lösen. Ausserdem wirken sich die körperlichen Aktivitäten an der frischen Luft positiv aus.
Bei Kindern wird das Interesse für die Natur geweckt und das Verständnis für früher allgemein bekannte, heute aber im städtischen Umfeld fehlende, natürliche Zusammenhänge gefördert. Der Garten ist ein Ort des Lernens und des Experimentierens und ein gutes Kontrastprogramm zu den oft eindimensionalen Beschäftigungen im Haus.

INTEGRATIVE ASPEKTE
Es gibt heute keine Bevölkerungsschicht und fast keine Berufe, die nicht unter den Hobbygärtnerinnen und -gärtnern vertreten wären. In den letzten Jahren meldeten sich vermehrt Familien mit Migrationshintergrund für einen Garten an. Derzeit verteilen sich Pächter aus rund 32 Nationalitäten über alle Areale. Daraus ergeben sich zwangsläufig Kontakte, was das gegenseitige Verständnis für die unterschiedlichen Kulturen und die Integration fördert.
Nicht zuletzt stellen die Gartenareale für den Kanton wichtige ökologische Ausgleichsflächen dar und beeinflussen das Stadtklima positiv, indem sie der Überhitzung der befestigten Flächen entgegenwirken. Das auf Grünland auftreffende Regenwasser wird absorbiert und nicht den Kanalisationen zugeführt. Die

Pflanzen, ausspannen, pflegen, züchten, grillieren und hegen: Die Familiengärten werden sehr vielseitig genutzt.

Wohnqualität der Stadt wird in erheblichem Mass gefördert. Die Gartenareale sind Rückzugsgebiete für viele, auch seltene Pflanzen- und Tierarten. Zusammen mit den anderen Grünflächen der Stadt bilden sie wichtige natürliche Netzwerke und Wanderkorridore für Flora und Fauna.

FÜR DIE ZUKUNFT GESICHERT

Am 15. Mai 2011 lehnte die Basler Bevölkerung die kantonale Volksinitiative «Zum Schutz von Basler Familiengartenarealen» ab und stimmte für den unformulierten Gegenvorschlag des Grossen Rates vom 19. Januar 2011. Dieser berücksichtigt zentrale Anliegen der Hobbygärtnerinnen und -gärtner. Vor allem verpflichtet er den Kanton zum Schutz von mindestens 82 Hektar Freizeitgartenarealen sowohl in der Stadt Basel als auch im näheren Umland. Auf Stadtgebiet selbst werden im Rahmen der Nutzungsplanung mindestens 80 Prozent der heute rund 50 Hektaren Gartenland geschützt.

Die Infrastruktur und die ökologische Funktion der bestehenden Areale werden durch Umgestaltungsmassnahmen qualitativ aufgewertet. Innerhalb der Areale werden vermehrt ökologische Ausgleichsflächen geschaffen, die als Trittsteinbiotope miteinander vernetzt sind. Grössere Gartenareale sollen für die Wohnbevölkerung durchgängig gemacht werden und damit auch den benachbarten Quartieren als attraktive Erholungsräume dienen. So ist vorgesehen, aufgelockerte «Gartenparks» zu schaffen, deren Einrichtungen von den Pächterinnen und Pächtern sowie von der Bevölkerung gleichermassen genutzt werden können (Wiesen, Spielplätze, Anlagen zur Freizeitbeschäftigung, Restaurants usw.).

Hansjörg Becherer

5701 PARZELLEN

Die Stadtgärtnerei Basel verwaltet zurzeit rund 5700 Freizeitgarten-Parzellen, die in 33 Vereinen zusammengeschlossen sind:

In Grossbasel:	1279 Parzellen
In Kleinbasel:	924 Parzellen
In Riehen:	840 Parzellen
In Bettingen:	31 Parzellen
Im Kanton Basel-Landschaft:	1531 Parzellen
In Frankreich:	1096 Parzellen
Total:	5701 Parzellen

Für alle diese Gärten bestehen Pachtverträge zwischen der Stadtgärtnerei und den einzelnen Pächterfamilien. Die Stadtgärtnerei ist mit folgenden Aufgaben betreut:

- Verpachtung der Freizeitgärten
- Schätzen des Inventarwertes bei Pachtwechsel
- Arealunterhalt
- Zusammenarbeit mit den Vereinsvorständen
- Unterstützung der Vereinsvorstände bezüglich Überwachen der Bauvorschriften
- Planung und Vergabe von Sanierungsmassnahmen
- Beratungen zu biologischem Gartenbau und Kompostierung
- Kontrolle von Massenschädlingen und epidemischen Pflanzenkrankheiten
- Schlichtungsstelle

Weitere Gartenparzellen werden von der Pflanzlandstiftung Basel, von Genossenschaften und der Gemeinde Riehen zur Verfügung gestellt. Derzeit sind dem Zentralverband der Basler Familiengarten-Vereine insgesamt 6300 Gartenparzellen zugeordnet.

Alles fein säuberlich: Jede Freizeitgarten-Parzelle in Basel-Stadt ist nummeriert.

DIE IDEE DES DR. SCHREBER

In Leipzig hatte der deutsche Orthopäde Dr. Daniel Gottlieb Moritz Schreber Mitte des 19. Jahrhunderts eine Idee. Er wollte Kindern und Jugendlichen als Beschäftigungstherapie und zur Förderung ihrer Gesundheit kleine Landparzellen zur Verfügung stellen, damit sie neben ihren langen Arbeitstagen in muffigen Fabriken einen Ausgleich fanden. Diese Spiel- und Austobeplätze waren von Blumenbeeten umgeben, die eigentlich, so dachte sich Dr. Schreber, von den Jugendlichen selbst gepflegt werden sollten. Doch diese zeigten sich mehr am Spiel als an der Gartenarbeit interessiert – und so sprangen die Eltern ein, die bald neben Blumen auch Gemüse und Kartoffeln pflanzten. Die Schrebergartenbewegung war so geboren und startete – vier Jahre nach dem Tod von Dr. Schreber – durch die Gründung des ersten Schrebervereins durch seinen Freund Ernst Hauschild ihren Siegeszug durch Deutschland und das benachbarte Europa. Bald erreichte die Bewegung auch Basel und füllte damit die Lücke der 1860 nahezu verschwundenen Gärten in den Stadtgräben.

Dr. D. G. M. Schreber.
Auf Holz gezeichnet von Adolf Neumann.

SPIELPLÄTZE: DIE STÄDTISCHEN FREIRÄUME DER KINDER

Auch in den Zeiten nach dem Basler Spielplatzpionier Richard Arioli kümmert sich der Kanton vorbildlich um die Bedürfnisse seiner kleinsten Bewohner nach Frei- und Spielräumen.

Ein sonniger Sonntag im August. Es ist schwierig, die Leute zu zählen, die im Schützenmattpark sind. Sie verteilen sich über die ganze Grünfläche. Sind es 500, sind es 1000? Eines aber steht fest: Es sind auffallend viele Familien, die ihre Freizeit hier verbringen. So wie die Herzogs aus dem Gotthelfquartier. Der Papa hat die Joggingschuhe montiert und dreht ein paar Runden auf der Asphaltstrecke durch den Park. Die Mama sitzt mit ein paar Freunden im Parkcafé. Der Sohn hat es sich im Planschbecken gemütlich gemacht und die Tochter kann sich nicht recht entscheiden, ob sie den Kletterbaum oder den Fussball ihrer Kameraden spannender finden soll.

Das Beispiel zeigt: Viele Familien verbringen ihre Freizeit im öffentlichen Raum. Und dafür braucht es ein familienfreundliches Freizeitangebot. Die Eltern sind hier weniger das Problem, sie brauchen oft nicht viel, um sich wohlzufühlen – dafür genügt ein nettes Restaurant oder das Rheinufer. Kinder dagegen brauchen Freiräume, wo sie sich austoben können. Für die jüngeren Kinder sind das primär Spielplätze. Dies kam in der Familienbefragung zum Ausdruck, die der Kanton im Jahr 2009 veröffentlichte. Nach Einschätzung ihrer Eltern verbringen demnach Kinder und Jugendliche ihre Freizeit am häufigsten auf Spielplätzen und in Parks. Dass eine Stadt den Kindern solche Freiräume zur Verfügung stellen muss, ist heutzutage unbestritten. Ob genügend Spielplätze vorhanden sind oder nicht, ist ein Standortfaktor, der darüber entscheidet, ob Fa-

milien in der Stadt wohnen oder doch lieber auf dem Land.

60 BASLER SPIELPLÄTZE

Heute hat Basel 60 öffentliche Spielplätze für die insgesamt 22 000 Kinder unter 14 Jahren. Das heisst: Jedes Kind findet in einer Distanz, die es zu Fuss bewältigen kann, einen Spielplatz. Hinzu kommen etliche Spielbereiche in Pausenhöfen von Schulen und Kindergärten. Zwar sind rund zwei Drittel dieser Pausenhöfe ausserhalb der Schulzeiten geschlossen, doch die Basler Regierung will diese

Die Stadt Basel kennt heute 60 öffentliche Spielplätze für ihre rund 22 000 Kinder unter 14 Jahren.

restriktiven Öffnungszeiten überdenken. Im August 2011 wurde ein Projekt vorgestellt, wonach immer mehr Pausenplätze auch am Wochenende und in den Schulferien offen bleiben sollen. Der Gedanke dahinter: Wenn die Freiräume in der Stadt schon knapp sind, so sollen jene Orte, die ohnehin bereits kindgerecht gestaltet sind, den Kindern auch zur Verfügung stehen.

Die Gestaltung und Pflege der Spielplätze ist für den Kanton eine Daueraufgabe. Die Spielgeräte haben

Auch der Spielplatz auf der Schützenmatte hat sich seit der Einrichtung durch Richard Arioli in den 1940er-Jahren gewandelt. Geblieben ist das Planschbecken.

Klettern, schaukeln, bauen, erleben, planschen – die Kinder finden in Basels Parks umfassende Möglichkeiten, die stetig dem modernen Sicherheitsempfinden angepasst werden.

eine beschränkte Lebensdauer, etwa zehn bis 15 Jahre, und müssen daher immer wieder ersetzt werden. Überdies ändern sich die Vorlieben der Kinder. Was heute gefragt ist, kann morgen schon völlig uninteressant sein. Und: Auch die Allgemeinheit hat immer wieder andere Ansprüche an die Gestaltung von Spielplätzen. In der heutigen Gesellschaft, die sich gegen alle Eventualitäten des Lebens versichert, steht auch bei den Spielplätzen die Sicherheit im Zentrum – und der Kanton lässt sich dies einiges kosten. Im Jahr 1999 übernahm er wie die anderen Schweizer Kantone die Sicherheitsnormen der Europäischen Union. Um die gesetzlich vorgeschriebenen Normen zu erfüllen, sprach der Grosse Rat im Jahr 2007 einen Rahmenkredit von mehr als fünf Millionen Franken. Bis Ende 2013 sollen alle Spielplätze modernisiert und an die geltenden Sicherheitsnormen angepasst sein.

ERHÖHTES SICHERHEITSBEDÜRFNIS

Doch was macht einen Spielplatz sicher? Im Zentrum steht hierbei der sogenannte Fallschutz. Dies bedeutet: Der Bodenbelag zum Beispiel unter einem Kletterturm muss den allfälligen Sturz eines Kindes dämpfen. «Ein Arm- oder Beinbruch ist das Schlimmste, was passieren darf, schwerere Verletzungen aber müssen ausgeschlossen sein», sagt Reiner Klein, Sicherheitsbeauftragter bei den Regiebetrieben im Tiefbauamt. Daher befinden sich beispielsweise beim neu gestalteten Spielplatz an der Andreas Heusler-Strasse unter den Klettertürmen ein dämpfender Belag aus Holzschnitzeln. Ein Fallschutz ist vorgeschrieben für alle Spielgeräte, die höher als ein Meter sind. Rasen als Untergrund reicht hier nicht.

Man würde den Basler Spielplatzgestaltern von der Stadtgärtnerei jedoch Unrecht tun, wenn man ihre Arbeit auf das Anbringen von sturzsicheren Bodenbelägen reduziert. Denn der zweite grosse Trend der Gegenwart sind Spielplätze mit einem eigenen Gesicht. Es fällt auf, dass es in der Stadt keine Einheitsspielplätze gibt. «Wir berücksichtigen bei der Gestaltung der Spielplätze nach Möglichkeit die Wünsche der Kinder, die den Spielplatz auch nutzen», sagt Susanne Brinkforth, Leiterin des Fachbereichs Freiraumplanung bei der Stadtgärtnerei. Zur Illustration kann der bereits erwähnte Spielplatz an der Andreas Heusler-Strasse in der Nähe des Grosspeters dienen. Vor dessen Neugestaltung beteiligten sich rund 50 Kinder, zwei Schulklassen

Die neuesten Spielplatz-
kreationen aus der
Stadtgärtnerei auf dem
Areal ihres alten Sitzes:
Gans und Sau im
St. Johanns-Park. Wer
sie beklettert, wird mit
einem Blick zum Rhein
und natürlich mit einer
Rutschpartie durch den
Gänseschnabel
belohnt.

vom Sevogelschulhaus, an einem vom Kinderbüro begleiteten Workshop und formulierten hierbei ihre Wünsche. Diese Kinder kommentierten später auch die Entwürfe der Spielplatzgestalter. An einem sogenannten «Bautag» halfen sie daraufhin mit, den Spielplatz neu zu bauen, so gestalteten sie zusammen mit zwei Künstlern die Sandkasteneinfassung. Auf diese Weise entstand eine Spielfläche, die auch den tatsächlichen Vorstellungen der Kinder entsprach.

NEUES UND ALTHERGEBRACHTES

Das Beispiel des Spielplatzes an der Andreas Heusler-Strasse zeigt aber auch eines: Es gibt Einrichtungen auf einem Spielplatz, die bei Kindern über viele Generationen hinweg nie an Attraktivität verlieren. Denn so neu der Spielplatz auch gestaltet ist, so gibt es doch ein Überbleibsel aus den Anfängen des Spielplatzbaus in Basel: das Planschbecken, das noch unter dem ehemaligen Basler Stadtgärtner Richard Arioli gebaut wurde. In seiner Amtszeit von 1940 bis 1970 richtete er mehr als 40 öffentliche Spielplätze ein. Und es ist daher unter anderem auch Richard Ariolis Verdienst, dass sich in der Familienbefragung von 2009 drei Viertel aller Familien zufrieden mit dem Angebot an Spielplätzen äusserten. Ein Umfragewert, der auch den heutigen Spielplatzgestaltern bei der Stadtgärtnerei ein gutes Zeugnis ausstellt.

Patrick Künzle

Spielen in der Nachbarschaft zu Chemie und Nordtangente: Freiraum im Erlenmattpark (Bild oben links) oder an der Dreirosenbrücke (oben rechs und unten links). Vielfältige Gelegenheiten, sich spielerisch auszuleben, bieten auch der Horburgpark und das Kletterparadies am Theodorsgraben bei der Wettsteinbrücke.

Stadt Gärtnerei

Erlenmatt-Spielplatz

Dieser Spielplatz ist täglich
von 7.00 bis 22.00 Uhr geöffnet.

«DIE STADT ESSBAR MACHEN»

Verborgene Gärten, Gemüse in alten Lagerkisten, Beete beim alten Landhof –
Urban Agriculture oder städtisches Gärtnern liegt im Trend. Auch in Basel
gibt es ein paar verwunschene Ecken, in denen städtischer Boden Essbares
hervorbringt.

Ein Tiger mitten in Basel, zwischen Baggern und Beeten – und das an einem gewöhnlichen Nachmittag Ende April 2012. Auf dem Gelände der Messe Basel sind Scharen von Bulldozern daran, ihre Zähne in die historischen Mustermessegebäude zu schlagen. Krächzend und scheppernd fällt Betonbrocken um Betonbrocken. Hier entsteht Freiraum für Kunst und Luxus. Nur ein paar Schritte weiter gähnt ein prächtiger bengalischer Tiger im Kies der Rosentalanlage und lässt sich von der Sonne wärmen. Im grossen Zelt daneben ist echt was los. Der Circus Royal ist da. Grosser Auftritt für die Tiger-Lady und ihre Katzen. Gleich über die Strasse, etwas versteckt, findet man den Weg zu neuen Beeten. Durch eine schmale Lücke zwischen den mehrstöckigen Wohnhäusern kommt man zum verborgenen Garten. Eine Oase und ein Freiraum der anderen Art.

Auch das zweite Jahr ist er noch da: der Gemeinschaftsgarten Landhof, so wie man ihn das letzte Mal im Herbst 2010 gesehen hatte. Ein unter Asphalt verlorenes, nutzlos gewordenes Gelände ist wieder fruchtbar geworden. Dank einer bemerkenswert speditiven Zusammenarbeit zwischen dem Verein Urban Agriculture Basel (UAB) und der Stadtgärtnerei. Zwar ist das, was hier die Stadtgärtner der dritten Art, die Basler «Urban Agriculturists», an- und aufbauen, nur mal das, was man mit dem hier eher kühlen Begriff «Zwischennutzung» bezeichnet. Aber die Idee, die ist von Dauer: «Die Stadt essbar machen» – Gärten gemeinsam betreiben und gemein-

sam beernten, einen Treffpunkt für Arbeitende und Müssige einladend machen. Mit bildendem Beigemüse im besten Sinne und ohne Beigeschmack. Hier kann mitten in der Stadt nachverfolgt werden, wie Essbares wächst und was es dazu braucht. Das ist das ehrgeizige Ziel.

NICHT JÄTEN!

An diesem Nachmittag ist gerade niemand da. Die Beete mäandern durch das grüne Mehreck, das auf zwei Seiten nun von den Hinterfassaden der Wohnblöcke eingerahmt wird. Die Terrassen als Gratis-Tribünen für Ansässige, die Fortschritte im Freiraum verfolgen oder kommende Ernte erspähen wollen, sind spärlich besetzt. Auf dem Hügelbeet oder was dafür gehalten werden kann, wuchern neben einem kunstvoll gebauten Gasthaus für Solitärbienen die Pflanzen. Kurz kommt der Verdacht auf, dass bereits nachlässiger gearbeitet wird. Aber ein Blick auf die schwarze Tafel, wo fällige Arbeiten aufgelistet sind, belehrt: NICHT JÄTEN! steht in grossen Lettern über allem. Das Wuchern ist gewollt, das Pflanzen beginnt erst richtig. Bastiaan Frich und Dominique Oser, ein integrativer Botaniker im besten Sinne er, sie eine ausgebildete Gärtnerin, leiten die Mitpflanzerinnen an und alle lernen laufend dazu.

Bereits sind die «Lerchenzunge», der «Weggisser», der «Kenturio» und die «Gelben Bündner» am Start. Bodenständige Arten von (nur von unten zu erntendem) Federkohl, Kefen, Erbsen und Schnittmangold

Urban Agriculture Basel nennt sich ein Pflanzprojekt beim Landhof. Hier werden Kartoffeln, Kräuter und vieles mehr gezogen – und das alles biologisch-dynamisch. Der Zirkustiger vis-à-vis auf der Rosentalanlage ist für derart vegetarische Selbstversorgung weniger zu gewinnen. Dafür einer der Einkaufswagen, die im Rahmen eines Projektes bepflanzt wurden.

Pflanzen in Palettkisten, Einkaufswagen, hinter alten Landhof-Stehrampen. Beim Erlenmattpark und in einer kleinen Ecke beim Landhof wird Urban Gardening und Agriculture betrieben.

aus dem Sortiment von Pro Specie Rara, der Organisation, die dafür sorgen will, dass alte Sorten nicht aussterben. Da werden auch die «Baselbieter Röteli» nicht weit sein, die süssen Rotstab-Tomaten vom Land. Vom Gemeinschaftsgarten führt eine Treppe hinüber zu den bereits überwucherten einstigen Tribünen eines gerade von der Quartierjugend fröhlich bespielten Sportfelds. Es ist ein besonderer Ort in der Fussball-Stadt: Hier war in den Anfängen der Heimspielplatz des unvergleichlichen Fussballclubs Basel.

ASPHALT GEGEN HUMUS TAUSCHEN

Er sollte der Stadtentwicklung dienen und neuen Wohnungen Platz bieten. Doch im Frühling 2010 hatte die Bevölkerung des Stadtkantons einer Initiative eines «Vereins Landhof» zugestimmt, das Areal der Grünzone zuzuweisen und der Überbauung fernzuhalten. Dass dann schon ein Jahr später in der Nordwest-Ecke gepflanzt werden konnte, ist ein Beleg dafür, wie schnell die Stadtgärtnerei handeln und Asphalt gegen Humus tauschen kann, wenn es sein muss. Seither führt der Verein Urban Agriculture Basel das Unternehmen.

Urban Agriculture Basel vereint eine Schar von Menschen, die mit verschiedenen Strategien eine Form von grüner und sozialer Stadtentwicklung vorantreiben wollen. Die Stadtbewohnenden sollen wieder lernen, wie ihre Nahrung entsteht, selbst Hand anlegen können und dabei mit anderen in Kontakt kommen. Ein Stück Selbstversorgung erreichen. «Wunderbar» sei die Zusammenarbeit mit der Stadtgärtnerei gewesen, sagt Isidor Wallimann, der Präsident des Urban-Agriculture-Basel-Vereins. Das rasche Handeln habe erlaubt, die Wachstumsphase 2011 nicht zu verpassen.

PFLANZEN IM EINKAUFSWAGEN

Der in Basel wohnhafte emeritierte Soziologieprofessor, lange auch an der Fachhochschule Nordwestschweiz tätig, hat ein zweites Standbein an der Syracuse University (denn in Amerika gibt es für Kreative keine Altersgrenzen). Wallimann hofft, dass sich auch bei uns die Idee der essbar gestalteten Stadt-Landschaft, der «edible landscape», durchsetzen kann. Die gemeinsame Arbeit verbindet die Menschen, lässt sie Verantwortung mittragen. Dass Formen der Selbstversorgung in den Städten elementar wichtiger werden, daran zweifelt der Verfasser eines Buches mit dem Titel «Das Zeitalter der Knappheit»

nicht. Ob die Idee sich wirklich durchsetzt, wer weiss.

Es gibt in Basel nicht nur den Landhof. Auf dem Gelände der Basler Mission, ohnehin eine Oase im Quartier, wirkt Gärtnerhand. Bastiaan Frich hat auch bei der Gründung von Universitätsgärten für Studierende zentral mitgewirkt. Auf einzelnen Dächern, meist im Schutz bietenden Treibhaus von Sponsoren wie der Christoph Merian Stiftung, wachsen in Palettkisten Gemüse oder sind gar Experimente mit Pflanzen düngenden Fischzuchten unterwegs. Rund 240 ausrangierte Einkaufswägelchen aus Supermärkten sind erstmals im Frühling 2010 bei der Aktion www.keinkaufswagen.ch mit Erde gefüllt und frisch besät zu mobilen Gemüsegärten umgerüstet worden. Auch hier hat Urban Agriculture Basel Kopf und Hand mit im Spiel. Die in solchen Dingen offenohrige Stiftung Habitat bot Unterschlupf für die Gittergärten.

GARTENGUERILLAS MIT SAMENBOMBEN

Spektakulär wirkt Urban Farming vor allem dann, wenn etwa von Bienenvölkern zwischen Wolkenkratzern berichtet wird. Doch es funktioniert auch hier. Fünf Bienenvölker, in der Hochsaison zusammen etwa 200 000 Insekten, hielt ein 14-jähriger Imker unter dem steilen Dach eines Hauses am Nadelberg. Null Ärger gab es, dafür eine Menge Nadelberg-Honig, der selbst vom nahen «Teufelhof» für würdig befunden wurde, Teil eines Lokal-Desserts zu sein. Ein Beweis mehr dafür, welch ein Eldorado die wohl temperierte und immer neu erblühende Stadt für Nektar- und Pollensammlerinnen ist.

Schwerer haben es all die, welche dem Prediger Richard Reynolds folgen wollen. Er ruft zur Selbsthilfe gegen grossstädtische Öde aus. Mit «Guerilla Gardening», so heisst der Titel seines 2010 erschienen Buches, sollen Brachflächen mehr oder weniger heimlich besät und die Saat auch gepflegt werden. Im hiesigen Ökoladen kann ein Paket Samenbomben gekauft werden. Doch die Dinger sinnvoll anzuwenden, ist hier nicht einfach. Es war schon überall wer da. Zum Beispiel der Verein Ökostadt. Er hat im Herbst 2010 im Rahmen der Aktion «Basler Frühling» gegen 20 000 Blumenzwiebeln in Rabatten neben den Strassen gepflanzt. Im Einverständnis und in Absprache mit der Stadtgärtnerei. Da vergeht einem doch jede Lust, als bombenbestückter Grünguerilla unterwegs zu sein.   Martin Hicklin

Urbane Kreativität als Begleiterin der städtischen Pflanzkultur: Gartenkalender am Garagentor beim Landhof und künstlerisch-tierische Beobachter.

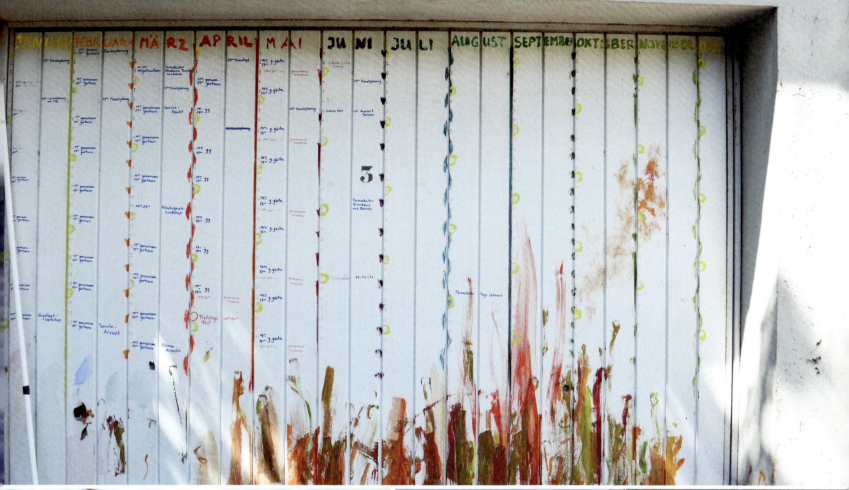

2012-GARTENPROGRAMM

NATURRARITÄTEN MITTEN IN DER STADT

Das trockene, warme Klima der Stadt Basel, das Rheinbord, die Bahnlinien und besondere Verhältnisse an vielen Stellen sorgen für zahlreiche Naturraritäten.

Auf dem heutigen Stadtgebiet Basels entstanden als Folge der menschlichen Aktivitäten auch Flächen, die durch Arten der naturnahen Lebensräume aus der Umgebung besiedelt wurden. An Steilhängen oder in grossen Parks und alten Gärten wuchsen mitten in der Stadt Wälder und waldähnliche Gehölze, die bis heute erhalten geblieben sind. Andere besonders grossflächige naturnahe Stadtlebensräume sind die Bahnareale. Im Geleiseschotter und auf den angrenzenden Flächen wurde das Aufkommen von Gehölzen verhindert. Hier entwickelten sich offene Lebensräume, die den trocken gefallenen Kiesbänken der Rheinaue gleichen. Auch in Werkhöfen und anderen unversiegelten Arealen finden sich vergleichbare Flächen, sogenannte Ruderal-Lebensräume.

In den offenen Lebensräumen mitten in der Stadt konnten sich viele typische Arten der trockenwarmen Oberrheinebene halten.

SELTENE UND BEDROHTE ARTEN IN DER STADT
Viele Tiere und Pflanzen leben schon lange auf Basler Stadtgebiet. Im 20. Jahrhundert ist die Stadt stark gewachsen und die Naturraritäten wurden auf Lebensrauminseln zurückgedrängt. Im ursprünglichen Lebensraum vor den Toren der Stadt wurden viele der typischen Arten als Folge intensiver Landwirtschaft selten oder sind verschwunden. In den offenen Lebensräumen mitten in der Stadt konnten sich jedoch viele typische Arten der trockenwarmen Oberrheinebene halten. Basel besitzt deshalb viele Raritäten der Pflanzen- und Tierwelt. Das Naturschutzgesetz verlangt deren Erhaltung.

SCHATTENLIEBENDE KNOLLENPFLANZEN
In gehölzreichen Parkanlagen würde kaum jemand die gleichen Knollenpflanzen wie in den Wäldern der Umgebung erwarten. Im Frühling ist der Boden von Parks aber mit einem Meer von rosa Blüten bedeckt. Sie stammen vom Lerchensporn. Die Frühlingspflanze hat ihren Lebenszyklus an die Jahresentwicklung des Laubwalds angepasst und findet in baumreichen Parks und Gärten ausgezeichnete Verhältnisse. An den ersten warmen Tagen – oft schon im Februar – durchdringen die zusammengefalteten Blätter den Boden. Sobald die ersten sonnigen Frühlingstage kommen, entfalten sie rasch die Blüten.
In Basel kommen zwei verschiedene Arten vor. Auf der linken Rheinseite und am Dinkelberg ist es der Hohlknollige Lerchensporn, der auch in den Buchenwäldern der tieferen Juralagen und am Bruderholz verbreitet ist. Von den Wäldern auf den kalkarmen Schottern der Wiese-Ebene ist der Festknollige Lerchensporn in die waldähnlichen Flächen der Stadt eingewandert.

Das Rheinbord bietet ideale Lebensbedingungen für viele seltene Pflanzen- und Tierarten in Basel. Am Dinkelberg und auf der linken Rheinseite findet man in Basel Hohlknolligen (oben rechts) oder gefingerten Lerchensporn (unten links). Die Blauflüglige Sandschrecke (zweites Bild von oben rechts) und die Blauflüglige Ödlandschrecke (Bild darunter) mögen kiesige, trockene und vegetationsarme Stellen.

Die Knollenpflanzen entwickeln sich nur in Parks und Gärten mit jahrzehntealtem Baumbestand und waldähnlichem Boden. Es gilt deshalb, die baumreichen Bereiche der Parks zu erhalten und bei Bauprojekten auf Grundstücken mit alten Gärten auf die Vorkommen des Lerchensporns Rücksicht zu nehmen.

Das Vorkommen des flugunfähigen Erdbockkäfers am Rheinufer St. Johann droht zu erlöschen.

BLAUFLÜGLIGE «KIESHÜPFER»

Auf Kiesflächen mit fast fehlender Vegetation leben zwei Schwesterarten der Heuschrecken, die Blauflüglige Sandschrecke und die Blauflüglige Ödlandschrecke. Die beiden Arten gleichen sich stark. Anhand einer kleinen Kerbe auf der Oberkante der Hinterschenkel können sie unterschieden werden. Beide Heuschrecken passen sich in ihrer Färbung dem Untergrund an, deshalb sehen die einzelnen Tiere immer wieder anders aus. Vor der Korrektion der grossen Flüsse waren die beiden Arten auf den unzähligen Kiesbänken zwischen den verzweigten Gewässerarmen wohl sehr häufig.

Im Vergleich zur Blauflügligen Ödlandschrecke kommt die Blauflüglige Sandschrecke auf sehr ausgedehnten vegetationslosen, nackten Flächen mit sand- und schotterreichen Rohböden vor. Der «Kieshüpfer» kann sehr gut fliegen. Auf nackten Kiesflächen ist er zunächst die einzige Heuschreckenart, verschwindet aber wieder, sobald die Vegetation dichter und höher wird. Grössere Bestände leben meist in Kiesgruben und Bahnarealen, wo der Kies des vegetationsfreien Gleiskörpers ein geeigneter Lebensraum ist.

Beide Arten legen die Eier zur Überwinterung in den Boden, und ab Mitte Mai/Anfang Juni sind die Larven zu beobachten. Karge Gräser und etwas Ampfer und weitere Kräuter reichen ihnen als Nahrung.

Das Überleben der beiden Arten ist in Ersatzlebensräumen wie dem Bahnareal von gezielten Pflegeeingriffen abhängig. Das Abschieben von Oberboden zur Freilegung von freien Schotterflächen ist unumgänglich. Offenbar genügen aber auch zahlreiche kleinere offene Flächen.

FLUGUNFÄHIGE «STUBENHOCKER»

Ein versteckter «Stubenhocker» ist der flugunfähige Erdbockkäfer, der in der Region Basel Trocken- und Halbtrockenrasen mit grossen Beständen der Aufrechten Trespe bewohnt. Meistens halten sich die Erdböcke an vegetationsfreien Flecken in den Rasenbeständen auf. Die Larven leben während zwei Jahren im Boden und ernähren sich von Graswurzeln. Die erwachsenen Käfer fressen während ihrer drei- bis vierwöchigen Fortpflanzungszeit zwischen Mitte März und Mitte Mai von den Blättern und Halmen der Gräser. Eine Population des Käfers hatte sich am Rheinbord im St. Johann angesiedelt.

Der Erdbockbestand am Rheinbord war wohl schon bei seiner Entdeckung um 1940 isoliert. Sein Lebensraum ist zwischen 1985 und 1997 von 4500 auf knapp 2800 Quadratmeter geschrumpft. Die Gründe für den Flächenrückgang waren eine Geländeabsenkung auf dem Areal der früheren Stadtgärtnerei, der Bau des Restaurants «Rhypark», sowie einer neuen Schiffanlagestelle und einer Treppe mitten im Erdbockvorkommen. Seit 1996 steht das Gebiet unter Naturschutz und 1997 wurden Hinweistafeln zum Vorkommen des Erdbockes angebracht. Dies und auch die optimale Pflege mit einer zweimaligen Mahd konnte jedoch den Bestand nicht stützen. Die Häufigkeit hat seit 1998 stark abgenommen. Es hat sich als schwierig erwiesen, die Art in geeignete Ersatzlebensräume anzusiedeln und von sich aus kann er sich auch nicht in einen anderen Lebensraum retten. Das Ausbreitungsvermögen des flugunfähigen Erdbocks beträgt nur etwas mehr als 200 Meter. Das Vorkommen am Rheinufer St. Johann droht zu erlöschen.

TYPISCHE STADTNATUR ERHALTEN

Auf der Basis des 2009 fertiggestellten Naturinventars und des 1995 formulierten Naturschutzkonzeptes wird die Natur im Kanton Basel-Stadt gepflegt und gefördert. Wichtig ist auch die Kenntnis der Biologie und Ökologie der bedrohten Arten. Faktoren wie Lebenszyklus, bevorzugte Nahrung oder Ausbreitungsvermögen bestimmen die Ziele und schliesslich die Massnahmen, die für das Erhalten und das Fördern der Arten in ihren spezifischen Stadtlebensräumen notwendig sind.

Daniel Küry und Dr. Michael Zemp

Dem Erdbockkäfer am Rheinbord droht das Aus in Basel (oben rechts). Auch Schlangen gibts in Basel: eine Ringel- (oben rechts) und eine Schlingnatter beim St. Johann (unten). Zu den seltenen in Basel gesehenen Faltern gehören das Rotwidderchen (Mitte rechts) und der Schwalbenschwanz (Mitte links).

ENTWICKLUNG DER BASLER GRÜNANLAGEN

Die Entwicklung der Stadt Basel ist aus Sicht des Gebauten verschiedentlich beschrieben und dokumentiert. Parallel dazu entstanden stets neue Freiräume. Eine Betrachtung aus dem Blickwinkel der Grünanlagen.

Die befestigte mittelalterliche Stadt Basel war eine spärlich begrünte, «steinige» Stadt. Die wichtigsten Begegnungsorte der Bevölkerung waren die Plätze und Gassen. Nur wenige Orte wurden durch Bäume markiert, die dafür meist einen hohen symbolischen Stellenwert besassen. Es waren dies beispielsweise Mark- oder Gerichtsbäume. Bemerkenswert dabei ist, dass einige Einzelbaumstandorte bis heute noch bepflanzt und teilweise sogar namensgebend für Strassenzüge sind, wie bei der Linde am Lindenberg oder der Bäumleingasse.

Wollte man damals im Grünen sein, so trat man vor die Stadtmauern und genoss die mit Obstbäumen bestandenen Gärten und Wiesen in unmittelbarer Nähe. Durch die Industrialisierung und Einführung der Eisenbahn Mitte des 19. Jahrhunderts erfuhr die Stadt Basel eine starke Veränderung. Die Einwohnerzahl nahm markant zu und eine Stadterweiterung über die befestigte Stadtgrenze hinaus war die Folge.

VERLUST STADTNAHER OBSTGÄRTEN

Bereits 1857 wurde Ludwig Maring von der Stadt Basel beauftragt, einen Gesamtplan der Stadt zu erarbeiten. Die von Maring vorgeschlagene Ersetzung der Befestigungsanlage durch Kleinparks und Promenaden wurde im Zeitraum zwischen 1860 bis 1889 basierend auf dem Gutachten des Münchner Oberhofgärtners Karl von Effner ausgeführt. Bekannte Zeitzeugen dieser Epoche sind unter ande-

rem der Aeschengraben oder die St. Alban-Anlage. So wie viele Gebäude der Altstadt historisch begründet sind, so sind es auch viele Plätze und öffentliche Anlagen. Aus heutiger Betrachtung fällt dabei auf, dass die kleinteilige Baustruktur der Altstadt sich auch in einer kleinteiligen Anordnung und Abfolge der öffentlichen Anlagen niederschlägt.

Als Ersatz für die früheren stadtnahen Obstgärten wurden an den vorgängigen Stadtmauern sogenannte Volksparks errichtet.

Nebst der Stadterweiterung und der einhergehenden Schleifung der Stadtmauer war auch der Verlust der unmittelbaren Naturerfahrung eine Folge der Industrialisierung. Als Ersatz der stadtnahen Obstgärten errichtete man sogenannte Volksparks. In Basel war es so, dass sich die Anwohner immer häufiger über den Schiessbetrieb auf der Schützenmatte beklagten. Eine Verlegung des Schützenstandes drängt sich auf und damit war die Voraussetzung für die Umgestaltung der Schützenmatte zu einem Volkspark gegeben. Wie es dem Zeitgeist entsprach, wurde eine Parkanlage nach englischem Vorbild mit geräumigen Wiesenflächen zwischen Baumpflanzungen und peripheren, geschwungenen Flanier-

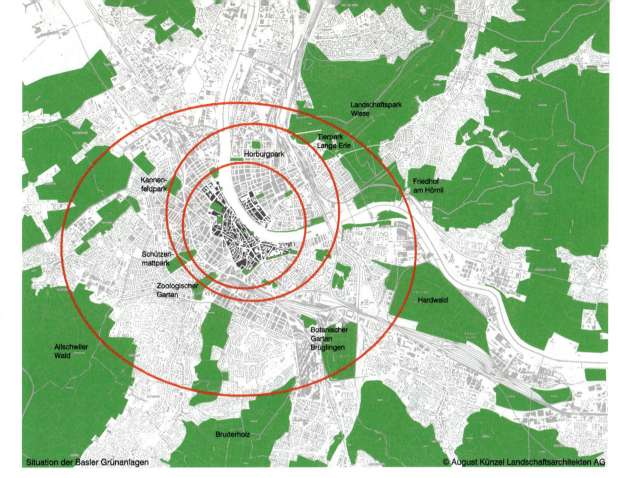

Situation der Basler Grünanlagen

Auf dieser Grafik (die Plangrundlage lieferte das Grundbuch- und Vermessungsamt Basel) ist die Positionierung der Basler Grünanlagen sehr gut erkennbar: Etliche Parks entstanden an der Peripherie der ehemaligen Stadtmauern und ihren Gräben (innere Kreise).

wegen verwirklicht. Nebst dem Schützenmattpark entstanden weitere Grünräume, die parallel zur Siedlungserweiterung angelegt oder aus ehemaligen Friedhöfen (wie beispielsweise der Horburgpark oder der Kannenfeldpark) hervorgingen. Es handelt sich aber auch um Sportanlagen, den Zoologischen Garten oder um genutzte Villengärten. Auffallend dabei ist, dass sich diese Grünräume wie ein Ring um den historischen Stadtkern legen. So wie bei den öffentlichen Anlagen im Bereich der Altstadt steht die Grösse dieser Grünräume in engem Zusammenhang mit der Grösse der neuen Quartiere.

GRÜN 80 ALS NÄCHSTER SCHRITT

Der nächste Entwicklungsschritt in Bezug auf die Grünräume in Basel nahm seinen Anfang mit der Grün 80. Im Zuge der zweiten schweizerischen Gartenausstellung entstand beim historischen Schlachtfeld St. Jakob an der Birs ein grosser Stadtpark mit dem neuen botanischen Garten. Zusammen mit der Friedhofanlage Hörnli, den Langen Erlen, dem Allschwiler Wald, dem Bruderholz und dem Hardwald bildet die Grün 80 einen äusseren Ring von Grünräumen. Diese sind jedoch eher als Teile von Naherholungsgebieten zu bezeichnen, welche wie Grünzungen bis an oder fast in die Stadt führen.

So geht der Friedhof Hörnli in das Naherholungsgebiet am Dinkelberg über, die Langen Erlen sind Teil des Landschaftsparks Wiese, der Allschwiler Wald

sowie das Bruderholz sind Ausläufer vom Sundgau und die Grün 80 liegt in der Birsebene. Die Stadtentwicklung ist nicht abgeschlossen, gerade heute ist sie wieder ein aktuelles Thema. So werden derzeitig einerseits Bereiche innerhalb der Stadt umgenutzt wie beispielsweise die Erlenmatt, der Dreispitz oder das Hafenareal, und andererseits wurden und werden im Zuge der Richtplanerneuerung die Stadtentwicklungsziele für die nächsten 20 Jahre aktualisiert.

VERMEHRTE VERNETZUNG

Dabei wird die Entwicklung an den Rändern der Stadt untersucht. Ziel ist es, der Zersiedelung entgegenzusteuern, die angrenzenden Landschaftsräume besser zu schützen und die Grünverbindungen aus und in die Stadt zu sichern und aufzuwerten. Dies alles im Zusammenhang mit der Ausweitung des Wohnraumangebotes unter Berücksichtigung der vorhandenen Potenziale sowie der gezielten Erweiterung der Bauzonen an den Siedlungsrändern im Osten, Süden und Nordwesten von Basel. Durch die laufende Verdichtung im Grossraum von Basel und die zunehmende Mobilität rücken die trinationalen Landschaftsräume wie Schwarzwald, Sundgau und Jura zusammen. Es entsteht eine weitere Dimension und Grössenordnung von Grün- und Landschaftsräumen, die weder Stadt-, Kantons- noch Landesgrenzen kennen, sondern vielmehr nahtlos miteinander verbunden und vernetzt sind. August Künzel

WARUM GRÜN GOLD WERT SEIN SOLLTE

So beliebt Grün als Qualität ist, in der rauen Realität und im Einzelfall hat es einen schweren Stand. Von der schwierigen Aufgabe, aus Grün Geld zu machen.

Hier ein Fleck Grün weg, dort eine bepflanzte Ecke kahl: Das Vertraute – gestern noch da – kann heute schon verschwunden sein. Vielleicht einem neuen ehrenwerten Projekt geopfert, oder einem planerischen Neubeginn gewichen, der vertraute städtische Orte umgestaltet, um nach moderner und modischer Art mehr Ansprüche zu erfüllen. Schleichend ist dieser Verlust meistens, und Ersatz, wenn es ihn

> Dass die Menschen in der Stadt,
> ob sie da wohnen oder nur auf
> Besuch sind, sich viel Grün wünschen,
> daran besteht kein Zweifel.

denn gibt, steht immer auf Feld 1. Gerade in einer Stadt in engen politischen Grenzen herrscht hoher Nutzungsdruck auf die vorhandene Bodenfläche. Der Vorrat an öffentlichen Parkanlagen, oft der grossen Geste in Leben und Vergeben reicher Leute und der Sterblichkeit der Menschen zu verdanken, kann nicht mehr weiterwachsen, weil es nichts mehr zu verschenken oder als Friedhof aufzugeben gibt.

ARGUMENTE ALS ASSE
Da heisst es wehren, fanden schon früh die Hüter des städtischen Grüns und sammelten die Argumente, warum es sich lohnt, die Pflanzen zu halten oder

gar mit ihnen zu wuchern. Hatten doch beängstigend viele Menschen der Stadt den Rücken gekehrt und waren ins Grüne gezogen. Wäre also die Stadt ein bisschen mehr Landschaft, so könnte man folgern, blieben die Leute eher hier. Seit sich der Trend wieder zu wenden scheint, sind soziale und ökologische Argumente von Grün wieder wichtiger geworden. «Grün» hat sich allerdings in jüngerer Zeit mit so vielen weit auseinander liegenden Bedeutungen vollgesogen, dass es mit wenig Blatt und Blüte daherkommen und immer noch als begehrenswert gelten kann. Dass die Menschen in der Stadt, ob sie da wohnen oder nur auf Besuch sind, sich viel Grün wünschen, daran besteht kein Zweifel. Die Sehnsucht nach Oasen scheinbar unberührter Natur, nach grüner und blühender Zierde und freien begehbaren Räumen wie baumbestandenen Parkanlagen ist gross. Eine von Pflanzen reich bewohnte Stadt, verkehrstechnisch gut erschlossen, gewinnt als Stand- und Wohnort der Menschen mächtig an Rang.

MÜHE MIT MONETEN
Doch so beliebt Grün als Qualität ist, in der rauen Realität und im Einzelfall hat es einen schweren Stand. Am schwersten wiegt, dass man in Niemandsland zu geraten scheint, wenn es darum geht, seinen Wert in Geld zu beziffern, Grün zu «monetarisieren». Was bei jeder baulichen Nutzung bis auf den letzten Rappen berechenbar scheint, bleibt für die benachbarte «Natur» im Ungefähren. Genau das

Die Sehnsucht nach Oasen, nach grüner und blühender Zierde und freien begehbaren Räumen wie baumbestandenen Parkanlagen ist auch in Basel gross.

haben auch die Hüter des öffentlichen Grüns früh erkannt und die Argumente zusammengestellt, in der festen Absicht, sie in Diskussionen als «Asse geschickt zu spielen». Sowohl in einem für die Basler Stadtgärtnerei erstellten Argumentarium der Gelterkindener Ökoskop wie in einer jüngeren ausgedehnten Literaturstudie der Zürcher Hochschule für angewandte Wissenschaften im Auftrag der VSSG (Vereinigung Schweizerischer Stadtgärtnereien und Gartenbauämter) wird immerhin belegt, dass Grün

in der Wohnumgebung eine eminent wichtige Rolle spielt, der Wert von Parkanlagen von den Menschen sehr wohl erkannt wird (und Besucherinnen und Besucher gar beteuern, sie würden dafür etwas zahlen) und ein höherer Grünflächenanteil sich auch in höheren Mietzinsdurchschnitten ausdrückt. Wo Grün aber völlig fehlt, ist der Hopfen verloren.

Dazu kommen die ökologischen Aspekte, vom besseren (und billigeren) Wasserhaushalt, der Luftreinigung und Kühlung sowie vom Tausch der Kohlensäu-

Grün spielt in einer Stadt eine eminent wichtige Rolle, sei es im Wohnumfeld, an Verkehrsachsen oder in nahen Erholungszonen.

re gegen Sauerstoff. Sie machen Pflanzen wertvoll. Gärten sind gesund, helfen Stress abbauen. Auf «Grünflächen» soll der Austausch unter den Menschen besser sein, die «soziale Interaktion» eben. Vorausgesetzt die einen sind nicht in Überzahl, dass andere sich verdrängt sehen. Sicherheit ist neu gefragt, freie Sicht zum Beispiel. Weg mit den Büschen von früher, in denen sich allerdings nicht nur Unholde, sondern früher auch halbwüchsige «Indianer» verbargen. Da hilft auch der Buchsbaumzünsler klären.

VIELZWECK-GRÜN

Was jedenfalls die in den Herbst des Alters gewachsene Babyboomer-Generation in ihrer Jugend noch auf Schritt und Tritt antraf, Freiflächen oder Brachen als Spiel- und Abenteuerplätze, ist eine Rarität geworden. Das macht das Verbliebene zur Kostbarkeit. Die scheinbare Brache, die auch künstlich realisiert werden kann, wird jetzt zum «Naturerfahrungsraum» als Teil eines «integrativen Naturschutzkonzepts». Der Park als Seminar, in dem man Wissen über

Bäume als Frucht lesen kann, wie im Kannenfeld. Biodiversität wird gefördert mit dem Wissen darum, dass die grüne Stadt viel artenreicher als das landwirtschaftlich genutzte Umland ist.

In den komplexen funktionellen Begriffen wird neuer Druck sichtbar: Das städtische Grün in Fläche und Raum muss immer mehr Aufgaben gleichzeitig erfüllen. Gesundheitliche, gesellschaftliche, belehrende und dazu immer noch Schmuck bleiben. So schafft der Gestaltungsdruck auch Spielfelder für urbane Landschaftsgärtner.

Auch der einfache Familiengarten, der bekanntlich ideell einer Mehrheit auch der nicht gärtnernden Bevölkerung am Herzen liegt, muss heute mehr als nur Selbstversorgung bedienen. Er wird «interkulturell», soll integrierend wirken und nun als «Begegnungs-, Handlungs- und Stimmungsraum» der Ort sein, wo sich «die ausländische Bevölkerung neu verwurzeln» kann.

Nichts in der Stadt ist unberührt, aber was so aussieht, weicht im engen Stadtgebiet bald einmal neuer Nutzung, die oft vom Versprechen begleitet wird, dass auch «grosszügige Freiräume» entstünden. Die allerdings müssen dann meist vom Facility Manager (früher Abwart) gepflegt werden und werden, selbst wenn erlaubt, nur mit Hemmungen betreten.

DIE HEDONISCHE SICHT AUFS GELD

Nichts für Menschen, die dem Vergnügen nachstreben und lustvoll zu geniessen suchen die Hedonisten. Der Begriff kommt von Griechisch hedon = Lust, Vergnügen, Genuss und hat einen Beiklang von schöner Sünde. Doch sind wir nicht alle darum bemüht, die Umstände des Lebens so zu optimieren, dass wir möglichst viel davon haben? Wie weit man nach Hedon streben soll, hat darum nicht nur die alten Griechen beschäftigt, hedonische Aspekte begleiten auch uns. Gerade dann, wenn es um zentrale Dinge wie Wohnen und Leben in der Stadt geht. Nicht der Preis allein und die Zahl der Nasszellen pro Quadratmeter sind es, die bei der Wahl eines Wohnobjekts eine Rolle spielen. Es sind viele andere aussenstehende Dinge, die eine Wohnung und Wohnlage erstrebenswerter (und teurer) machen. Die Nähe zu einem Gewässer zum Beispiel und eben das «Grün». Die sogenannte «hedonische Analyse» versucht, alle solche Eigenschaften zu gewichten und herauszufinden, wie viel mehr für gute Werte bezahlt würde. Das gibt es für Büroflächen am ehesten. Für Wohnraum weniger. Was damit zusammenhängen

könnte, dass der Wohnungsmarkt in weiten Teilen ohnehin von das Angebot übersteigender Nachfrage dominiert ist.

GRÜN IST NICHT GRÜN

«Keine Generation von Stadtbewohnern hat je so viel Grünfläche zur Verfügung gehabt wie die unsere: und keine Generation hat sich so sehr über den Mangel an Grün beklagt wie die unsere», schrieb der Basler Soziologe und Spaziergangswissenschafter Lucius Burckhardt (1925–2003), um im gleichen Atemzug eine Wiederbelebung der Gartenkunst zu fordern, die Natur künstlerisch darstellt: Die Abkehr vom «Strassenbegleitgrün» und von pflegeleicht «bepflanzten Bauabständen» und für mehr Ideen auch im Privaten. Die ewig gleiche Grünverzierung langweile den Spaziergänger eben so sehr, dass er sie glatt übersehe, und bei der Heimkunft zu klagen beginnt – über den Mangel an Grün. Martin Hicklin

Ein Stück Grün mitten in Basel, um das eine Mehrheit erfolgreich kämpfte. Der Landhof, das alte Stadion des FC Basel, ist mit seinen überwucherten alten Stehrampen und der ehemaligen Matchuhr zu einer kleinen Oase geworden, in dem sich Mensch und Tier wohl fühlen dürfen.

SCHRITT FÜR SCHRITT ZUM BIO-ZERTIFIKAT

Mutige Schritte in die Zukunft: als erste Stadtgärtnerei der Schweiz vollzieht Basel eine Umstellung auf zertifizierte biologische Bewirtschaftung.

Das Jahr 1995 markierte für die Stadtgärtnerei Basel einen Wendepunkt. Dieses Jahr war vom Europarat zum Europäischen Naturschutzjahr ausgerufen worden. Im selben Jahr verabschiedete der Grosse Rat des Kantons Basel-Stadt das kantonale Natur- und Landschaftsschutzgesetz. Seither hat der Naturschutz bei der Stadtgärtnerei eine grosse Bedeutung bekommen. Da die Stadtgärtnerei selbst über 200 Hektaren Grünfläche im Kanton Basel-Stadt bewirtschaftet, kann sie nicht nur als Vollzugsbehörde wirken, sondern bei der praktischen gärtnerischen Arbeit namhafte Naturschutzmassnahmen treffen, die öffentlichen Grünflächen artenreich und vielfältig gestalten und deren Entwicklung diesbezüglich beeinflussen.

Für schwierig kultivierbare und oft krankheitsanfällige Zierpflanzen konnte bislang kaum biologisches Wissen abgerufen werden.

Auf der anderen Seite ist die Bevölkerung dahingehend sensibilisiert, dass sie den öffentlichen Grünraum in einem gepflegten, sicheren und sauberen Zustand vorfinden möchte. Inplizit wird vorausgesetzt, dass der öffentliche Raum frei ist von gesundheitsschädigenden Stoffen. Obgleich die Toxizität gewisser Pflanzen weithin bekannt sein dürfte, wird erwartet, dass die öffentlichen Grünanlagen frei sind von toxischen Stoffen. Vor diesem Hintergrund ist es nachvollziehbar, dass sich die Geschäftsleitung der Stadtgärtnerei dazu entschieden hat, den Verzicht auf synthetische Hilfsstoffe anzustreben. Dies bedeutet nichts anderes als die Umstellung von konventionellem auf biologischen Gartenbau.

Als besondere Herausforderung auf diesem «grünen Weg» stellte sich heraus, dass die besten Kenntnisse zum biologischen Pflanzenbau rund um die biologische Landwirtschaft erarbeitet wurden; jedoch konnte für die schwierig kultivierbaren und oft auch sehr krankheitsanfälligen Zierpflanzen kaum Wissen und Erfahrung abgerufen werden. Die Erfolge bei den ersten Versuchen fielen dementsprechend bescheiden aus, und es kommt dazu, dass die damit verbundenen Zusatzanstrengungen der Mitarbeitenden bei der Stadtgärtnerei für die Bevölkerung nicht unmittelbar erleb- beziehungsweise sichtbar waren. Beides wirkte somit auch nicht gerade motivierend auf die Fachleute des Gärtnereibetriebes.

Wie kann man trotzdem erfolgreich, effizient und mit Aussicht auf Wertschätzung durch die Bevölkerung die Pflanzenproduktion naturnäher und biologischer gestalten? Mit dieser Frage hat sich die Geschäftsleitung der Stadtgärtnerei im Jahr 2010 nochmals sehr intensiv beschäftigt und hat in diese Diskussion auch Mitarbeiter des Forschungsinstituts für biologischen Landbau in Frick (FiBL), eine private Stiftung,

die ursprünglich 1973 auf dem Bruderholzhof gegründet worden war, miteinbezogen.

Schnell entstand Konsens darüber, dass die Stadtgärtnerei nur dann eine fachliche und politisch unbestrittene Anerkennung und Wertschätzung erhält, wenn sie den Status eines offiziellen und label-zertifizierten Biobetriebs hat. So weit so gut; nur stand die Stadtgärtnerei nach dieser Einsicht vor der Herausforderung, dass es noch gar nirgends eine bereits zertifiziert biologische Stadtgärtnerei gab, deren Beispiel man hätte übernehmen können. Ob man wollte oder nicht: an diesem Punkt war klassische Pionierarbeit vonnöten. Es galt, etwas zu schaffen, das es noch gar nicht gab.

Recht schnell einigte sich die Arbeitsgruppe darauf, dass es am sinnvollsten sei, das bei den Konsumenten recht gut bekannte «Knospen-Label» anzustreben. Die «Knospe» ist das Label der «Bio Suisse», dem Verband der Schweizer Bio-Landwirte und -verarbeitungsbetrieben. Nur Produkte von Betrieben, die jährlich mindestens einmal intensiv auf die Einhaltung der strengen Bio-Richtlinien kontrolliert und dafür zertifiziert worden sind, dürfen mit dem Knospen-Label ausgezeichnet werden. Der Verband BioSuisse mit Sitz der Geschäftsleitung in Basel wurde somit angefragt, ob er Interesse und Möglichkeiten hätte, die Stadtgärtnerei Basel mit ihrer Pflan-

Die Stadtgärtnerei will nach und nach sämtliche Anforderungen an die Zertifizierung von Bio Suisse mit ihrem bekannten Knospen-Logo erfüllen. Ein Beispiel ist der selbsthergestellte Biokompost.

zenproduktion und Grünflächenpflege als Label-Betrieb – bei Einhaltung der entsprechenden Richtlinien selbstverständlich – anzuerkennen.

«Im Prinzip ja», lautete die Antwort, «aber wir möchten für diesen Nischenbereich keine neuen Richtlinien erfinden und diese durch alle internen und schliesslich auch gesetzlichen Instanzen durchsetzen». Zum Glück konnte diesem berechtigten Anliegen insofern Rechnung getragen werden, dass die auf die Landwirtschaft ausgerichteten Richtlinien der Bio Suisse unverändert auch für die Stadtgärtnerei geltend gemacht werden können. Ein grosser Stolperstein hätte zum Beispiel die Forderung nach gesamtbetrieblicher Umstellung werden können, das Verbot also, auf gewissen Flächen biologisch und auf anderen konventionell wirtschaften zu dürfen (gemäss EU-Bioverordnung ist dies unter gewissen Bedingungen erlaubt). Dank dem Umstand, dass die Stadtgärtnerei Basel seit Jahrzehnten in selbstständige Betriebseinheiten gegliedert ist, war eine etappenweise Umstellung auf zertifizierte Bio-Bewirtschaftung von Betriebseinheit zu Betriebseinheit möglich. Der erste Betrieb der Stadtgärtnerei Basel, der diesen Schritt seit dem 1. Januar 2012 umsetzt, ist der Weidenhof in Arlesheim.

Ist es für die Stadtgärtnerei-Betriebe überhaupt möglich, durchgehend auf die chemisch-synthetischen Hilfsmittel zu verzichten? Diese Frage stand zu Beginn dieser «Pionier-Expedition ins Ungewisse» – wie das Team das Projekt intern empfand beziehungsweise immer noch empfindet. Ganz zentral im Raum sowohl bei der Geschäftsleitung als auch bei den Gärtnerinnen und Gärtnern. Denn anders als bei den vorangehenden Versuchen für eine punktuelle Reduktion der chemisch-synthetischen Hilfsstoffe muss für eine zertifizierte biologische Bewirtschaftung konsequent auf solche Dünger-, Pflanzenschutz- und andere Mittel verzichtet werden.

Zur Abklärung dieser vorwiegend pflanzenbaulichen Fragen hat die Stadtgärtnerei in den diversen Betrieben mehrere Besichtigungen und Besprechungen mit Spezialisten der Fachgruppe Anbautechnik Sonderkulturen des FiBL durchgeführt. Fazit dieser agronomisch-technischen Abklärungen war: Es wird eine sehr anspruchsvolle, aber lösbare Aufgabe. Wichtig dabei ist die Schlussfolgerung, dass es allein mit dem Ersatz von chemisch-synthetischen Hilfsstoffen durch biologische Hilfsstoffe nicht funktionieren wird; denn die Effizienz der biologischen Dünge- und Pflanzenschutzmittel ist naturgegeben

nicht so durchschlagend wie die der synthetischen Mittel. Vielmehr ist für den Erfolg bei der biologischen Pflanzenpflege ein Systemansatz wichtig, der schon ganz an der Basis – hier meist beim Boden oder bei Topfpflanzen im Pflanzsubstrat – hilft, Probleme mit Krankheiten, Schädlingen oder Nährstoffversorgung zu vermeiden. Ganz zentral ist dabei auch die Verwendung von Sorten, die gegenüber Krankheiten und Schädlingen möglichst robust sind. Als wichtiges Element in dieser Phase zur Abklärung der Machbarkeit haben die Stadtgärtnerei und das FiBL gemeinsam einen halbtägigen Workshop mit den Bereichsleitern und Gärtnern durchgeführt, wo im Plenum und in Arbeitsgruppen intensiv über Vor- und Nachteile, Hoffnungen und Ängste sowie über Machbares und Utopisches diskutiert wurde. Die am Workshop erarbeiteten Ansichten und Gewichtungen flossen in die darauf in Angriff genommene detailierte Projektplanung ein.

START IN DIE UMSETZUNGSPHASE

Nach Abschluss der pflanzenbaulich-technischen Machbarkeit erhielt das FiBL den Auftrag, für das konkrete Vorgehen einen detaillierten Projektplan zu erstellen. Dieser beinhaltet ein gestuftes Vorgehen: mit der Umstellung auf Bio wird bei den einfacheren Bereichen begonnen, um dann sukzessive auch die anspruchsvolleren Aufgabengebiete der Stadtgärtnerei anzugehen. Eher «einfach» auf Bio umzustellen war der Betrieb Weidenhof in Arlesheim. Die dortige Produktion von Bäumen, Sträuchern, Bodendeckerpflanzen und Kompost ist mit weniger Aufwand gemäss Bio-Richtlinien auszuführen als etwa die Zierpflanzenproduktion in Brüglingen, die Friedhofspflege im Hörnli oder die Parkpflege mit anspruchsvollen Wechselflorbeeten und stark beanspruchten Rasenflächen. Es wurde das ehrgeizige Ziel gesetzt, den ganzen Betrieb Weidenhof bereits ab 1. Januar 2012 zertifiziert biologisch zu bewirtschaften.

Folglich lag auch der Arbeitsschwerpunkt der FiBL-Mitarbeiter im 2011 vor allem bei den anbautechnischen, aber auch formalen Fragen zur Bio-Umstellung des Weidenhofs. Die Hauptfragen lagen dabei mehr bei der Dokumentation und Organisation der umfangreichen und für eine Biokontrolle sehr komplexen Pflanzenbestände, als bei anbautechnischen Fragen. Dabei erwies sich zum Glück die sehr gute, EDV-gestützte Pflanzenbestanderfassung als hilfreich. Trotz diesen Herausforderungen konnte die Baumschule Weidenhof wie geplant auf den 1. Janu-

ar 2012 mit der zweijährigen Bio-Umstellung begonnen werden. Auch in den zwei Umstelljahren müssen die Bio-Richtlinien vollumfänglich eingehalten werden. Wenn der Weidenhof die Betriebskontrollen, die von einer eidgenössisch akkreditierten Kontrollfirma durchgeführt werden, erfolgreich besteht, können die gezogenen Pflanzen ab dem 1. Januar 2014 mit dem «Knospe-Label» offiziell als Bioprodukte ausgezeichnet werden.

AUSBLICK

Nebst der intensiven Beratung des Weidenhofs in der Umstellung ist ein weiterer Schwerpunkt, der auch bereits 2011 intensiv geplant und 2012 mit Versuchen in Angriff genommen wird, die biologische Rasenpflege. 2012 werden auf fünf Parkflächen der Stadtgärtnerei Kreis West bis zu sechs unterschiedliche biologische Düngungs- und Pflegevarianten gegenüber der bisherigen Düngung getestet (diverse Biodünger, Bodenverbesserer, mit und ohne Kompost, mit und ohne Vertikulieren usw.). Dazu werden je Park und Verfahren 30 Quadratmeter grosse Versuchsparzellen definiert. Bei den wissenschaftlichen Erhebungen der Versuche steht im Vordergrund, welche der biologischen Pflegevarianten ebenso gute Resultate erzielt wie chemisch gedüngter Rasen; gemessen werden Wuchsverhalten, Dichte, Farbe und Belastbarkeit der Grasnarben pro Variante.

Parallel dazu werden die FiBL-Experten Vorversuche zur biologischen Zierpflanzen-Topfproduktion mit den Stadtgärtnern in Brüglingen durchführen. Hier liegen die Hauptschwierigkeiten bei der Düngung und der Schädlingsregulierung sowie bei der Jungpflanzenbeschaffung.

Der Zeitplan für die weiteren Schritte hängt stark von den Resultaten dieser Vorversuche ab. Erst, wenn in einem Bereich die Umsetzbarkeit erwiesen und gesichert ist, wird man etappenweise auch diese betreffenden Stadtgärtnerei-Betriebe auf Bio umstellen. Dies braucht Zeit, Experimentierfreude, sicher auch etwas Frusttoleranz und Hartnäckigkeit; aber auch Freude an Teilerfolgen – eben alles, was es auf einer Pionierexpedition ins Ungewisse braucht! Diese Zusatzanstrengungen unternimmt die Stadtgärtnerei mit viel Elan aus der Überzeugung für den hohen Nutzen, der für die Stadtbewohner mit diesem Projekt erzielt werden kann.

Franco Weibel und Martin Koller,
Forschungsinstitut für biologischen Landbau (FiBL)

Die Baumschule in Arlesheim ist der erste Betrieb innerhalb der Stadtgärtnerei, der seit Januar 2012 innerhalb von zwei Jahren komplett auf Bio umgestellt wird. Schon seit einiger Zeit verwendet die Stadtgärtnerei den eigenen Kompost für die Kulturen in der Baumschule.

KOMPETENZZENTRUM FÜR DIE BASLER BÄUME

Schon früh legte die Stadtgärtnerei Basel eine eigene Baumschule an.
Nach dem Wechsel vom ursprünglichen Standort im Bachgraben auf den
Weidenhof in Arlesheim im Jahr 1974 hat sich die Baumschule als international
anerkanntes Kompetenzzentrum in der Baumaufzucht etabliert.

Seit 1864 verfügt die Stadt Basel über eine eigene Baumschule. Für die Entwicklung des öffentlichen Grüns war die Baumschule stets eine wichtige Bezugsquelle. Die Chronik der Baumschule ist sehr aufschlussreich, um die einzelnen Stadtentwicklungsschritte seit der Mitte des 19. Jahrhunderts zu verfolgen:

1861: Beginn der Erstellung der Grünanlagen am Aeschengraben, in der Elisabethen, am Centralbahnplatz

1862: Schaffung der Grünflächen am Holbeinplatz, am Totentanz und bei der Theodorskirche

1864: Anlage einer Baumschule auf dem Spittelkirchhof (heute St. Johanns-Schule)

1865: Pflanzung von Platanen am Schützengraben (1989 mehrheitlich gefällt)

1866: Erwerb von 34 000 Quadratfuss Land am Mühlegraben zur Erweiterung der Baumschule, die aber 1875 zufolge von Überschwemmungen in den Raum des Spitalgottesackers St. Johann zurückverlegt werden musste

1887: Verlegung der Baumschule zufolge des Schulhausbaus vor das St. Johanns-Tor auf das Gärtnereigelände an der Elsässerstrasse (heute St. Johanns-Park)

1905: Verlegung der Baumschule an die Hegenheimerstrasse 200, heute Felix Platter Spital

1956: Übernahme der Baumschule Ranft (7,4 ha) in Allschwil und Verlegung der Baumschule ins Gebiet Bachgraben

1978: Verlegung der Baumschule nach dem Weidenhof in Arlesheim

1992: Einrichtung der Grosskompostierungsanlage in der Baumschule Arlesheim

Die Angliederung einer Baumschule an die Stadtgärtnerei wurde in den 1860er-Jahren notwendig, um die grosse Menge benötigter Allee- und Strassenbäume zur Pflanzung der verschiedenen neuen Alleen und Baumreihen zu beschaffen beziehungsweise zu produzieren.

Als die Verlegung der Baumschule vom Bachgraben zum Weidenhof in Arlesheim vorbereitet wurde, mussten sich die Verantwortlichen nochmals grundsätzlich über die Bedeutung der Baumschule für die Stadtgärtnerei klar werden. Die Begründung für die Beibehaltung und den Ausbau der Baumschule finden wir im Ratschlag, der am 14. März 1974 dem Grossen Rat vorgelegt wurde: «Um die laufenden Ersatzpflanzungen sicherzustellen, ist die Beschaffungsmöglichkeit möglichst grosser, gesunder und qualitativ einwandfreier Bäume notwendig. Im Raum Basel findet sich jedoch keine private Baumschule, die Pflanzen und insbesondere hochstämmige Bäume der erforderlichen Grösse und Qualität anbietet. Der kostspielige Zukauf neuer Bäume müsste daher von weiter entfernten, teilweise ausländischen Baumschulen über lange Transportstrecken erfolgen, was beim bestehenden Bedarf mit ausserordentlichen Kosten verbunden wäre. Kurzfristige Anpflanzungen wären kaum noch möglich, und es

Die Baumschule der Stadtgärtnerei beim Arlesheimer Weidenhof. Hier wird nach biologischen Grundsätzen der künftige Baumbestand Basels aufgezogen, um später – wie hier im Schützenmattpark – ein langes Leben in der Stadt zu beginnen.

müsste ein wesentlich höheres Ausfallrisiko in Kauf genommen werden. Durch die eigene Baumschule lässt sich dieses Risiko ausschalten und das gesunde Wachstum ist aufgrund der kurzen Zeitspanne zwischen Ausgrabung und Neupflanzung gewährleistet. Solche Erkenntnisse haben unter anderem auch die Baukommission des Baudepartements, ein grösstenteils aus unabhängigen Baufachleuten zusammengesetztes beratendes Gremium, bewogen, den zuständigen Fachinstanzen zu empfehlen, den Ausbau der Baumschule der Stadtgärtnerei so weit als möglich zu fördern. Der für die Baumschule der Stadtgärtnerei verhältnismässig grosse Kulturlandbedarf von 7 Hektaren erklärt sich aus den grossen Pflanzabständen, die für Qualitätsbäume eingehalten werden müssen.»

Das Bedürfnis nach einem Umzug hatte sich aus der Neunutzung des Areals Bachgraben ergeben. Durch einen Landabtausch beschaffte sich die Einwohnergemeinde vom Bürgerspital Basel die notwendigen Flächen zur Erstellung neuer Turn- und Sportanlagen am linken Ufer des Bachs. Der Grossrat stimmte diesem Geschäft am 20. Februar 1968 zu. Dank der Unterstützung der Christoph Merian Stiftung konnte sich die Stadtgärtnerei auf dem Weidenhof in Arlesheim die für die neue Baumschule notwendige Fläche beschaffen.

Die Baumschule der Stadtgärtnerei ist längst ein integraler Bestandteil der öffentlichen Grünversorgung geworden. Neben den Bäumen, Sträuchern und Kleingehölzen, welche heute grösstenteils als Jungpflanzen zugekauft und für die Bedürfnisse in der Stadt fertig gezogen werden, sind es vor allem das dendrologische Fachwissen sowie der Sachverstand bezüglich Kulturmassnahmen, die Kenntnisse über das heute verfügbare Sortiment und der fachliche Austausch mit anderen Baumschulen in ganz Mitteleuropa, die die Baumschule weit über die Grenzen der Stadtgärtnerei Basel hinaus zu einem Kompetenzzentrum für Bäume in der Stadt gemacht haben. Dieses Fachwissen hat sich über mehrere Generationen von ausgezeichneten Baumschulisten erhalten und steht heute auch anderen Gemeinden und privaten Gartenbaubetrieben zur Verfügung. Dabei wurde das Sortiment stets auf die öffentlichen Grünanlagen ausgerichtet. Ein Sortiment für den Privatgarten findet sich kaum.

Als die Stadtgärtnerei 1956 die Baumschule Eugen Ranft in Neu-Allschwil übernommen hatte, stiess Theo Laubscher zum Team der Stadtgärtnerei. Seine

herausragenden Pflanzenkenntnisse und sein Sammlereifer führten zur Bepflanzung der öffentlichen Parkanlagen mit ausserordentlichen Gehölzen. Der damalige Stadtgärtnereichef Richard Arioli veranlasste die Pflanzung diverser Gehölzgruppen im Kannenfeldpark, welche von Theo Laubscher beschafft wurden. Max Spaar war in dieser Zeit der Staudenspezialist der Stadtgärtnerei und mit Joseph Weigel, Kurt Groeger und heute Yves Dubs konnte die Reihe herausragender Fachleute und Betriebsleiter fortgesetzt werden. Das reiche Fachwissen wurde auf die Lehrlinge übertragen, wovon einer von ihnen, René Dups, heute die Baumschule leitet.

> Die Baumschule der Stadtgärtnerei ist längst ein integraler Bestandteil der öffentlichen Grünversorgung geworden.

Die Stadt Basel verfügt heute über eine einzigartig reichhaltige Gehölzsammlung, welche seit nunmehr 150 Jahren aufgebaut und stets erweitert wurde. Im öffentlichen Raum gibt es bei etwa 26 000 Bäumen weit über 300 verschiedene Sorten und Arten. In den alten Grabenanlagen finden sich einzigartige Bäume und besondere Raritäten.

Seit ein paar Jahren baut die Baumschule der Stadtgärtnerei zusätzlich ein Sortiment von einheimischen, standorttypischen Jungbäumen auf. Diese werden in der Regel aus Samen oder Stecklingen regionaler Bäume gezogen. Die geänderten klimatischen Bedingungen führen aber auch zur Ausweitung des Sortiments mit Pflanzen, die den neuen Herausforderungen gewachsen sind. Den einheimischen Bäumen war diesbezüglich in der Vergangenheit keine grosse Beachtung geschenkt worden, da sie im unwirtlichen Lebensraum Stadt oft nicht zurecht gekommen waren. Man konzentrierte sich auf Kulturvarietäten, welche auf die Besonderheit des Lebensraums Stadt hin selektiert worden waren.

Mit dem Ausbau des Sortiments von einheimischen und standortgerechten Gehölzen, aber auch unter Berücksichtigung vieler neuer Kulturvarietäten auf dem Markt sucht die Stadtgärtnerei stets nach Möglichkeiten, ihr Sortiment im Spannungsfeld von Natur, Gartenkultur und Umweltbedingungen zu optimieren, um immer wieder neue Bäume in die Stadt zu bringen.

Emanuel Trueb

Denis Rey (oben links) und René Dups (Mitte rechts) und ihre Bäume – in der Arlesheimer Baumschule wird aufgezogen, was später in der Stadt widerstandsfähig seinen Platz finden muss. Ebenfalls Teil der Baumschule: die Kompostanlage (oben rechts), die jährlich 5500 Tonnen Material verarbeitet.

ZAHLEN UND FAKTEN

Bei der Stadtgärtnerei Basel arbeiten 248 Personen (Stand Januar 2011), davon 75 Prozent Männer und 25 Prozent Frauen. Sie stammen aus der Schweiz, Deutschland, Frankreich, Italien, Albanien, Angola, Kroatien, Kosovo, Lettland, Österreich, Serbien, Spanien, Tunesien. Türkei, USA und Vietnam.

Bei der Stadtgärtnerei sind folgende Berufe vertreten: Arboristiker, Baumpfleger, Baumschulistin, Betriebspraktiker, Bestatterin, Biologin, Botaniker, Betriebsökonomin, Chauffeur, Floristin, Forstingenieur, Gartenarbeiter, Gartenbautechniker, Kauffrau, Kompostberaterin, Landschaftsarchitekt, Landschaftsgärtnerin, Maler, Mechaniker, Organistin, PR-Beraterin, Reinigungsfachfrau, Topfpflanzengärtner, Staudengärtnerin, Wirtschaftsinformatiker.

DIE STADGÄRTNEREI BEWIRTSCHAFTET:

210 ha Grünfläche
26 000 Bäume
36 Kinderspielplätze im öffentlichen Raum
3 Friedhöfe
1 Krematorium mit 4 Ofenlinien
5800 Freizeitgärten
24 Lehrstellen für Gärtnerinnen und Gärtner, Landschaftbauzeichnerinnen und Landschaftbauzeichner, Kaufleute
75 000 Gräber auf den Friedhöfen Hörnli und Wolf
18 Planschbecken

DIE AUSMASSE DER WICHTIGSTEN GRÜNFLÄCHEN IN BASEL:

Kannenfeldpark 9,1 ha
Margarethenpark 8,1 ha (Gemeinde Binningen)
Schwarzpark 5,9 ha
Erlenmattpark 5,8 ha
Schützenmattpark 4,8 ha
Solitude 2,9 ha
St. Johanns-Park 2,4 ha
Horburgpark 1,9 ha
Dreirosenanlage 1,5 ha
St. Albantor-Anlage 1,5 ha
Elisabethenanlage 1,4 ha
Breitematte 1,3 ha
Voltamatte 1,3 ha
Rosenfeldpark 1,3 ha
Petersplatz 1,3 ha
Birsköpfli 1,3 ha
Claramatte 1,1 ha
Christoph-Merian-Park 1,1 ha
Rosentalanlage 1 ha
Theodorsgrabenanlage 0.7 ha
Matthäuskirchplatz 0.8 ha
Cecile Ines Loos-Anlage 0.4 ha
Liestaleranlage 0,4 ha

Friedhof am Hörnli 52 ha
Wolfgottesacker 5,8 ha

Bau- und Verkehrsdepartement des Kantons Basel-Stadt

Stadtgärtnerei

▶ Projektierung und Bau

Grünkataster
Stand April 09

Übersichtsplan

Situation

N

Index	a	b	c
Datum	23.04.09		
Gez.	End		
AL			
GP			
NSF			
UH			
Format:	A0		
Massstab:			
Plan Nr.			Index

GLOSSAR

ADJUNKT
Veraltete Bezeichnung für die Stellvertretung einer Amtsleitung und in dieser Funktion auch für das Rechnungswesen zuständig.

ALLEE
Alleen sind von zwei- oder mehrreihigen Baumpflanzungen gesäumte Wege und Strassen. Sie verleihen den Strassen in der Stadt einen ästhetischen und ökologischen Wert und spenden Schatten. Sie unterscheiden sich von der einfachen Baumreihe.

BAU-COLLEGIUM
Das Bau-Collegium wurde 1875 zu Baudepartement umbenannt.

BAUMSUBSTRAT
Für die Pflanzung von Strassenbäumen hat die Stadtgärtnerei nach Untersuchungen der Universität Hannover Erdmischungen entwickelt, welche aus Anteilen von Sand-Kies, Oberboden und Kompost bestehen. Diese Erdmischungen sind auf die Standorte der Strassenbäume ausgelegt und lassen sich auch mit Belag überziehen.

BEFESTIGUNGSANLAGEN
Die Stadt Basel war von ursprünglich zwei Befestigungsringen gegen aussen geschützt. Der um 1860 abgebrochene zweite Befestigungsring umfasste eine Vielzahl von Toren, von denen heute lediglich das St. Alban-, das Spalen- und das St. Johanns-Tor erhalten geblieben sind. Neben den Stadtmauern, sie gliederten sich in die Wehrmauer, den Stadtgraben und der dazugehörenden Kontermauer, gab es noch eine Vielzahl von Bollwerken und Schanzen, von denen in Basel mit Ausnahme des Mauerrests im St. Alban-Tal nichts erhalten geblieben ist.

BOTANISCHER GARTEN
Basel kennt eine grosse Zahl berühmter Botaniker. Caspar Bauhin (geboren am 5. Dezember 1624), Thomas Platter d. J. (4. Dezember 1628), Werner de Lachenal oder August Binz (8. Dezember 1870) sind nur ein paar wenige unter ihnen. Der erste Botanische Garten war 1598 beim Unteren Kollegium am Rheinsprung eingerichtet worden. 1692 wurde der Garten in den ehemaligen Klostergarten der Predigerkirche verlegt. Nach weiteren Verlegungen in die Nähe des Aeschentors wurde der Garten 1896 am heutigen Standort neben dem Botanischen Institut eingerichtet. Zur Grün 80 hin wurde der Botanische Garten in Brüglingen gebaut. Hier sind gärtnerische Sammlungen, wie die Iris-Sammlung, zu bewundern.

FREIFLÄCHE
Als Freifläche gilt der gesamte nicht überbaute städtische Raum. Als grösste Freifläche in der Stadt Basel gilt der Rhein. Neben Strassen und Plätzen gelten auch die öffentlichen Grün- und Sportanlagen, Wald und landwirtschaftlich genutzte Flächen als Freiräume.

GROSSER RAT
Der Grosse Rat von Basel-Stadt ist die Legislative für die Stadt und zugleich Kantonsparlament. Er besteht aus 100 Parlamentarierinnen und Parlamentariern. Diese gehören in der Regel einer Partei an und werden alle vier Jahre in Abhängigkeit ihres Wahlkreises von der Basler Bevölkerung gewählt.

GRÜNANLAGEN
Zu den Grünanlagen werden Grünflächen gerechnet, welche der Erholung und Freizeitgestaltung dienen und entsprechend eingerichtet sind. Neben den allgemeinen, öffentlichen Grünanlagen gibt es Grün-

anlagen mit Sondernutzungen. Zu diesen sind Sportanlagen, Freizeitgärten, Freibäder, Tiergärten und Friedhöfe zu zählen.

KANTONSTRENNUNG
Die Trennung von Basel-Stadt und Basel-Landschaft wurde im August 1833 beschlossen und führte zu einer Vereinbahrung zwischen den beiden Kantonen, wonach die an Stelle der Stadtbefestigung entstandenen Freiräume bebaut werden dürfen, sofern Basel-Landschaft am Mehrwert beteiligt werde. Basel-Stadt gestaltete daraufhin die Grabenanlagen und verzichtete auf eine Überbauung.

KLEINER RAT
Der Kleine Rat ist heute der Regierungsrat von Basel-Stadt. Er besteht aus sieben Mitgliedern, darunter auch der Stadtpräsident oder die Stadtpräsidentin. Dieses Amt wird seit 2009 per Volkswahl besetzt.

PARK
Der Begriff Park stammt vom lateinischen «parricus» (das Gehege) und meinte zunächst eine eingezäunte Grünfläche. Oft wird der Begriff Park mit den Vorbildern aus England im 18. und 19. Jahrhundert in Verbindung gebracht. Zwischenzeitlich wird der Begriff auch für Wohnsiedlungen mit viel Grünanteil, Einkaufszentren und kommerzielle Freizeitanlagen verwendet.

PROMENADE
Als Promenaden werden in Basel Gehwege und Strassenräume bezeichnet, welche vorwiegend dem Langsamverkehr vorbehalten sind, zum Verweilen einladen und häufig von Baumreihen, Grünrabatten und Sitzgelegenheiten gesäumt sind.

RUDERALFLÄCHE
Ruderalflächen sind Vegetationsflächen, welche sich in den ersten Stufen der Sukzession befinden.

SCHÜTZENGRABENURTEIL
Bundesgerichtsurteil von 1991, wonach zur Fällung vorgesehene Bäume öffentlich ausgeschrieben werden müssen. Die Stadtgärtnerei publiziert seither alle Fällbegehren einmal im Jahr.

STAUDEN
Als Stauden gelten mehrjährige Blütenpflanzen, welche nicht verholzen. Neben Wildstauden verwendet

die Stadtgärtnerei Gartenstauden an besonderen Standorten in Schmuckrabatten.

STRASSENBÄUME
In Basel gibt es über 25 000 Strassenbäume. Diese sind mehrheitlich als Alleen oder Baumreihen gepflanzt. Als Strassenbäume eignen sich genügsame Arten und Sorten, welche sich unter Einhaltung der geforderten Lichtraumhöhen zu geraden, hochstämmigen Einzelbäumen formieren lassen und den Widrigkeiten des Standortes im Strassenraum widerstehen.

STRAUCH
Als Strauch bezeichnet man ein mehrjähriges, mehrstämmiges Gehölz zur Ausstattung und Gliederung des Gartenraums.

WECHSELFLOR
Blumenrabatten werden in der Regel mit Wechselflor bepflanzt. In den Wintermonaten werden winterharte Frühlingsblüher verwendet. In der warmen Jahreszeit werden reich blühende Blumen aus mehrheitlich subtropischen Gegenden verwendet. Die Blumen in den Rabatten werden ein- bis zweimal im Jahr ausgewechselt.

NEUES GRÜN FÜR DIE NEUE STADT

Nach 150 Jahren bleibt die grüne Entwicklung in der Stadt Basel natürlich nicht stehen. Ein Blick in die Zukunft – mit Veränderungen und grünen Perspektiven.

Mit der Zonenplanrevision von 2012 werden in Basel verschiedene neue Stadtentwicklungsgebiete ausgeschieden. Heute werden einige dieser Areale von der Familiengartennutzung bestimmt. Das sind die neuen Stadtteile von morgen. Es werden neben neuen Wohnangeboten auch neue öffentliche Grün- und Freizeitanlagen gebaut werden. Für die wegfallenden Familiengärten sollen in geringerer Zahl neue, individuelle Gärten geschaffen werden. Diese sollen in Bezug zu den nahegelegenen Wohnarealen stehen, auch neue Formen der Bewirtschaftung wie Gemeinschaftsgärten oder Kleintierhaltung zulassen und mit öffentlich zugänglichen Freizeitangeboten versehen sein.

> Mit Durchgrünung der verdichteten Stadtstrukturen wird dazu beigetragen, dass das urbane Gefüge lebenswert bleibt.

Eine weitere einschneidende Veränderung im Stadtgefüge darf im Gebiet Rheinhafen erwartet werden. Hier soll auf der Rheinhafeninsel in Zukunft ein neues Wohn- und Arbeitsquartier entstehen. Dazu muss ein neues Hafenbecken gebaut und mit der nötigen Logistik versehen werden. Gerade dieses Projekt stellt eine besondere Herausforderung in Bezug auf den Naturschutz dar, haben sich doch im Laufe der Jahre im offenen Hafengebiet eine Vielzahl wertvoller Standorte für bedrohte Arten entwickelt. Obgleich am Rhein ein besonders dichtes städtebauliches Konzept angedacht ist, wird dennoch eine minimale Versorgung mit öffentlichem Grün erwartet. Hier sind Fassaden- und Dachbegrünungen, aber auch Baumreihen längs der Rheinpromenade und kleine «Pocketparks» denkbar. Weiter soll auch die Flusslandschaft der Wiese in Kleinhüningen so aufgewertet werden, dass dieser Raum als Freizeit- und Erholungspark dient.

Grünstrukturen werden auch im neuen Stadtteil Dreispitz ein wichtiges Erkennungsmerkmal sein. Das heutige Gewerbeareal, welches sich zum grösseren Teil auf dem Gebiet der Gemeinde Münchenstein befindet, soll sich in absehbarer Zeit in ein modernes, von Hochhausbauten geprägtes, aber dennoch mit vielfältigen Grünstrukturen versehenes Quartier entwickeln. Bestimmend werden die grünen Achsen sein, welche sich entlang der grünen Tramverbindungen entwickeln und mit vielfältigen Aufenthaltszonen und grünen Plätzen versehen sein werden. Zum anderen sollen die Zwischenräume eine hohe Aufenthaltsqualität aufweisen und mit vielfältigen Grünstrukturen versehen sein.

VORLEISTUNG IN DER ERLENMATT
Etwas konkreter zeigt sich der städtebauliche Wandel in der Erlenmatt. Dieses, ursprünglich der Bahn-

Basler Zukunftsmusik: Auf der Basler Rheinhafeninsel soll ein neues Wohn- und Arbeitsquartier entstehen. Die vorgesehenen Projekte stellen eine echte Herausforderung an den Naturschutz dar.

nutzung vorbehaltene Gelände hat sich in den vergangenen Jahren zu einem neuen Wohnquartier gewandelt. Selbst wenn sich zurzeit der Grossteil der zu erstellenden Hochbauten noch in Planung befindet, erkennt man bereits mit dem neu erstellten Erlenmattpark und der Grünanlage im Triangel die grüne Grundausstattung im Quartier. Die Grünanlagen wurden hier im Sinne einer Vorleistung im Voraus gebaut, um die Entwicklung des Quartiers zu begünstigen. Bestimmt werden nach Fertigstellung und Bezug des neuen Quartiers Anpassungen und Ergänzungen im öffentlichen Grünraum vorgenommen werden müssen. Damit wurde von Anfang an gerechnet.

Die Situation der Hauptverkehrsachsen im Grossraum Basel macht deutlich, dass auf Schiene und Strasse Kapazitätsgrenzen erreicht sind. Mit millionennschweren Massnahmen sollen diese Mängel beseitigt werden. Ausserdem wird zur Erhöhung der Transportkapazität in den Ausbau der Schieneninfrastruktur investiert. Im Bereich der Nationalstrassen muss die Stadtautobahn im Osten der Stadt vollständig saniert, leistungsfähiger und ruhiger gemacht werden. Gewisse Strukturverbesserungen können zur Einhausung der Osttangente führen, was wiederum einen Flächengewinn für die Quartiere bedeuten müsste: Flächen, welche auch der Grünversorgung dienen.

«FACELIFTING» FÜR GRÜNANLAGEN

Bestehende Grünanlagen müssen stets den geänderten Nutzungsbedürfnissen angepasst werden und häufig geben auch bauliche Veränderungen im Umfeld Anlass, um Verbesserungen im öffentlichen Grünraum vorzunehmen. So wird das Nachtigallenwäldchen in Ergänzung zur Erweiterung des Zoologischen Gartens und dem Neubau eines grossen, städtischen Aquariums auf der Heuwaage nach einem Entwurf des Landschaftsarchitekturbüros «david & von arx» aus Solothurn umgebaut. Auch die Liestaleranlage wird in absehbarer Zeit den heutigen Bedürfnissen angepasst und saniert. Die Volksabstimmung von 2009 hat zum Ausdruck gebracht, dass die Bevölkerung von Basel den Landhof als Grünanlage behalten möchte. Die Umzonung wurde vom Parlament beschlossen und der Auftrag für ein Grünprojekt ist erteilt.

Nahezu abgeschlossen sind die Sanierung der Voltamatte, welche teilweise für den Bau der Nordtangente als Bauinstallationsfläche beansprucht worden war und das Projekte im St. Johanns-Park,

Das Dreispitzareal wird in den nächsten Jahren durch verschiedene markante Bauten ein neues Gesicht erhalten. Grünstrukturen sollen hier als wichtiges Erkennungsmerkmal eingebunden werden.

Im Basler Nachtigallenwäldchen herrscht Bewegung: die Idee eines Aquariums für Basel sowie zusätzliche Raumbedürfnisse des Zoologischen Gartens müssen befriedigt werden. Diese Modellaufnahme zeigt das Nachtigallenwäldchen und die Lage der neuen Kuppel während der Projektentwicklung.

10

842 - Oekolampad-Anlage

29.03.12

Planer: raderschallpartner ag, landschaftsarchitekten bsla sia
bruechstrasse 12, postfach 319, ch-8706 meilen tel +41 44 925 55 00 fax +41 44 925 55 01 info@raderschall.ch www.raderschall.ch
Projektverfasser: läng gohl landschaftsarchitekten Römerstrasse 2 5400 Baden mail@lgla.ch

Ein grünes Zukunfts-
projekt aus einem
Nachwuchswettbewerb:
die Oekolompadmatte
im Wohnviertel Iselin
wird nach einem Projekt
der Badener Land-
schaftsarchitekten
«läng gohl» neu
gestaltet.

welches im Zusammenhang mit der Errichtung eines
neuen Quartierzentrums realisiert wurde.

Grössere Grünprojekte dürfen von der Instandstel-
lung des Kleinbasler Rheinufers erwartet werden.
Hier geht es darum, die Gestaltung der Rheinwege
den heutigen Bedürfnissen anzupassen und Teile
des Baumbestandes zu erneuern. Auch weitere bestehende Grünanlagen sollen saniert werden, um sie
einerseits der gegebenen Nutzung anzupassen und
andererseits langfristig zu erhalten. Der Margarethenpark etwa wird im Sinne der Gartendenkmal-
pflege saniert und aufgewertet. Die Breitematte wird
von Aufbesserungen profitieren und auch dem
Horburgpark und der Oekolampadmatte stehen ein
«Facelifting» bevor.

Mit der Verdichtung der Stadtstrukturen wird wesentlich dazu beigetragen, dass das urbane Gefüge
der Kernstadt und der Agglomeration lebenswert
bleibt und sich als Wohn- und Arbeitsort etabliert.
Damit soll in erster Linie die Bevölkerung von den
Vorzügen des urbanen Wohnens profitieren können

und das Umland vor Zersiedelung und damit verbun-
denem Verkehr geschützt werden. Es ist in diesem
Zusammenhang eine Binsenwahrheit, dass Grün im
öffentlichen Raum in vielfältiger Ausprägung ent-
scheidend zum Wert und positiven Gefühlen im Lebensraum Stadt beiträgt.   Emanuel Trueb

Die Basler Parks sind in
einen laufenden Prozess
von «Facelifting»
integriert. So gibt es
auch ein Projekt der
Solothurner Land-
schaftsarchitekten
«david&von arx» für eine
moderate Erneuerung
des Schwarzparkes im
Gellert.

QUELLENVERZEICHNIS

Arioli, Richard; Portmann, Adolf. «Gärten Menschen Spiele», Festschrift zum hundert-jährigen Bestehen der Stadtgärtnerei Basel, Pharos-Verlag, Basel

Baer, C. H. «Die Kunstdenkmäler des Kantons Basel-Stadt», Bd. I, Basel 1932

Basler Nachrichten, Ausgabe vom 30. April 1970, «Zum Ruhestand von Richard Arioli»

Basler Schulblatt, Ausgabe 3/1956, «Gärten, Menschen, Spiele»

Basler Staatsarchiv. Bauakten H 14,8 (1870–1923); BD-REG 7a und Bilderarchiv BD-REG 7b

Basler Zeitung, Ausgabe vom 15. Februar 2012, «Es wird Frühling für den Landhof»

Bertschi, Hannes. «Alleen in Basel von A bis W». Politisch-kulturelle Beilage der Basler Zeitung vom 9. September 1989

Birkner O., Rebsamen Hp. INSA, Inventar der neueren Schweizer Architektur, 1860–1920, Basel, 1986

Blattner, M. und Ritter, M. «Basler Natur-Atlas», 1985 (Basler Naturschutz)

Deutscher Fussballbund, «Leidenschaft am Ball – 100 Jahre deutsche Länderspiele 1908–2008»

Diverse. «Bäume in der Stadt 1996», Zusammen-stellung von Texten und Bildern der Ausstellung an der muba 96; Baudepartement Basel-Stadt, Stadtgärtnerei und Friedhöfe, Basel, S. 1

Diverse. «Stadtteil – Entwicklungsplan Äusseres St. Johann – NT Korridor», Baudepartement des Kantons Basel-Stadt Hochbau- und Planungsamt Hauptabteilung Planung, Basel 1997, S. 4ff

Egloff, Patrick. «Zukunft und Sicherung der Basler Familiengärten». Studie im Auftrag des ZV Basel 1996

Falter, Felix. «Die Grünflächen der Stadt Basel». Basler Beiträge zur Geographie, Heft 28. Verlag Wepf&Co., Basel, 1984
Felder, Ester. «Stadtplanung in Basel von 1950 bis 1975», Masterarbeit, Historisches Seminar der Universität Basel, Februar 2010; S. 109

Geering, Tschirren, Tschopp, Vogel. «Freizeit- und Familiengarten». Eine Orientierung des Schweizer Familiengärtner-Verbandes. Verlag Jordi, Belp, 1968

Huck, Hansjörg. «Die Bedeutung und Herkunft einiger Flurnamen (Eschemar-Tor)»; Jahrbuch 2008 E. E. Zunft zu Gartnern Basel (Basler Staatsarchiv)

Koechlin Sally. «Basels Grünring um 1860»; Lizentiatsarbeit Universität Basel, 1973

Lauw, Gwan. «Die Kleingartenbewegung in der Schweiz»; Dissertation Universität Basel, 1934

Meier Eugen A. «Basel Sport», 1991, Buchverlag Basler Zeitung, ISBN 3-85815-237-4

Reese, Heinrich. «Die Bauliche Entwicklung Basels von 1881–1897»; IV. (Schluss), Schweizerische Bauzeitung, 23. Oktober 1897, Zürich; S. 126

Ruoff, Eva. «Der Frühling der Basler Parkanlagen»; Basler Zeitung, Magazin Nr. 13 vom 3. April 1993

Schweizerischer Fussballverband (SFV), Bern. Offizielle Länderspielstatistik

Schweizerisches Sportmuseum, Basel, Mike Gosteli

Stübben, Joseph. «Der Städtebau»; Verlag Arnold Bergstrasser, Darmstadt, 1890; Reprint der 1. Auflage von 1890, Vieweg Verlag, Braunschweig, 1980

Stübben, Joseph. Brief an das Baudepartement Basel vom 14. Juli 1895 (Bau-acten L60, Staatsarchiv Basel)

Verein Landhof, 4058 Basel

Verlag Friedrich Reinhardt, Basel. «Am Ende des Weges blüht der Garten der Ewigkeit – 75 Jahre Friedhof am Hörnli – Bestattungskultur im Kanton Basel-Stadt», ISBN 978-3-7245-1434-3

Von Effner, Karl Joseph. Bericht und Vorschläge über die Promenaden und Anlagen von Basel und Umgebung; Basel, J.J. Mast, 1860 (UB: Sign. Tech Cv 7:7; Lesesaal Hagb Cv 29:4)

www.guerrillagardening.org
www.keinkaufswagen.ch
www.nutzdach.ch
www.oekostadtbasel.ch
www.pronatura.ch
www.stadtgaertnerei.bs.ch
www.urbanagriculturebasel.ch

FOTONACHWEISE

Stadtgärtnerei Basel
6, 8, 17, 24, 32, 34, 35, 38, 67, 86, 88, 101, 104, 106, 121, 122, 124, 146–147, 163, 165, 166, 169, 173, 174, 191, 193. – Bilder von Guido Schärli: 12, 15, 25, 29, 67, 70, 78, 105, 128, 134-145, 150-151, 157, 165, 169–173, 197–199, 211. – Bilder von Serge Hasenböhler: 27, 33, 79, 95, 126, 129, 133, 138, 146, 150, 177–183. – Bild von Christopher Gmünder: 104. – Bilder von Christian Flierl: 109–113, 152, 155. – Bild von Bea Musy: 127. – Bild von Nicolas Martinez: 193

Verlag Martin+Schaub GmbH
10, 14, 15, 21, 25, 31, 37, 39, 42, 47, 49, 52–59, 72–78, 86–87, 91, 97, 103, 119, 131, 136, 142–145, 149, 158–161, 165–166, 178–183, 185–189, 201, 204–208, 224

Staatsarchiv Basel-Stadt
20, 22, 26, 28, 30, 36, 41, 43, 44, 45, 48–59 (Originalpläne Karl von Effner), 60, 61, 62, 63, 65, 66, 69, 81, 83, 92, 150, 151, 166.

Private Archive
41, 46, 85, 90, 163, 175, 191, 193

Keystone, Fotoagentur
88, 93, 98–99

Schweizerisches Sportmuseum, Basel/Münchenstein
114–119

Martin Hicklin
185

August Künzel Landschaftsarchitekten AG
196